职业生涯规划与自我管理教程

主编　锁冠侠

科　学　出　版　社

北　京

内 容 简 介

本书基于国内外近年来职业发展教育理论和实践的研究，结合作者多年的教学经验及大量的用人单位调查资料编写而成。内容包括职业生涯规划和自我管理两大主题，使学生了解职业生涯规划的意义、作用，学会如何从职业规划角度全面认识自我、如何制定适合个人发展的职业生涯规划。旨在为大学生提高职业生涯规划能力，培育适应社会需求的职业素养提供指导与帮助。

本书既可作为大学生职业生涯规划相关课程的教材，也可作为职业生涯教育指导咨询人士的参考用书。

图书在版编目（CIP）数据

职业生涯规划与自我管理教程 / 锁冠侠主编. 北京 ：科学出版社，2024. 8. -- ISBN 978-7-03-079410-9

Ⅰ. G647.38

中国国家版本馆 CIP 数据核字第 20246VT173 号

责任编辑：宋 丽 徐仕达 韩 东 / 责任校对：赵丽杰
责任印制：吕春珉 / 封面设计：东方人华平面设计部

科 学 出 版 社 出版

北京东黄城根北街 16 号
邮政编码：100717
http://www.sciencep.com

三河市骏杰印刷有限公司印刷

科学出版社发行　　各地新华书店经销
*

2024 年 8 月第 一 版　　开本：787×1092　1/16
2024 年 8 月第一次印刷　　印张：10 1/4
字数：243 000

定价：58.00 元

（如有印装质量问题，我社负责调换）

销售部电话 010-62136230　编辑部电话 010-62138978-2045

前　言

党的二十大报告强调实施就业优先战略，"就业是最基本的民生。强化就业优先政策，健全就业促进机制，促进高质量充分就业"，这为高校毕业生就业创业工作指明了方向，也为广大青年实现坚定不移听党话、跟党走，怀抱梦想又脚踏实地，敢想敢为又善作善成，立志做有理想、敢担当、能吃苦、肯奋斗的新时代好青年，让青春在全面建设社会主义现代化国家的火热实践中绽放绚丽之花提供了坚强保障。

当前，经济发展方式加速转变，经济结构调整升级，经济社会发展已经进入了新常态。职业世界的飞速变化以及生涯发展的多元化使职业生涯规划教育与就业指导显得尤为重要。因此，将大学生就业指导和职业生涯规划教育纳入国家教育发展战略，不但是业内共识，也是国家经济发展的必要因素。

大学阶段是人生发展中的重要阶段，大学生在这个阶段一方面学习知识技能、追求真理、体验浪漫爱情，另一方面逐步开阔视野，初步尝试融入社会、规划自己的人生。但是，面对当前严峻的就业形势，许多大学生更多感受到的是就业压力大和对今后生活的焦虑。在大学校园里，有些学生盲目参与各种社团活动，却并不清楚这些活动对自己究竟有何益处；有些学生忙着考取证书，却对自己的特长和爱好并不了解；有些学生在寂寞无聊中浪费大好青春，高喊 60 分万岁；有些学生认真读书的目的只是拿奖学金；有些学生表面自信内心却十分自卑……如何排解大学生的迷茫和彷徨，是所有高等学校的教育工作者亟待解决的问题。

实践证明，大学生职业生涯规划与职业素养教育可以有效提升大学生综合实力，是推动解决就业困难、提高就业质量的重要途径。"凡事预则立，不预则废"，这是祖先留给我们的智慧。"职业生涯规划"是不可逆转的时代潮流赋予我们的有力思想武器。大学生应未雨绸缪，及早规划自己的人生，积极行动以实现人生理想。这对自己、对家庭、对用人单位、对社会都是一种负责任的态度。

本书内容契合教育部文件要求，按照"精简概括、突出重点、贴近实际、特色鲜明"的方针，结合院校的学科特点、学生的思维习惯，吸收当前职业生涯教育的新观点、新理论、新方法，系统阐述职业生涯规划、就业指导等方面的知识。本书共六章，内容由浅入深，不但通过案例介绍各种情况下的职业发展和职业规划，还给出了详尽、具体的操作方法，由点及面，力求让学生对职业生涯规划与就业准备有一个全面的了解和掌握，并能应用相关知识对自己的职业生涯和就业进行科学的规划。

本书具有以下特点：

（1）理论体系科学系统。本书编写强化"学校、行企、人社"三者相互融合的理念，从"大学生、用人单位、人才机构、高等院校"四个视角出发，结合教学实践和调研结果进行不断完善，打造科学系统的理论体系。

（2）内容广泛有针对性。本书从当代大学生的实际需求出发，以行业、企业职业标准和岗位要求为指导，融合大量行业、企业相关数据资料，提高就业指导的针对性和有效性，帮助学生适应新兴产业、新职业和新岗位要求。书中案例大多源于大学生真实生活，既能为大学生树立学习榜样，也能提高大学生的阅读兴趣，有利于大学生形成应对现实世界的智慧。

（3）编写体例新颖灵活。本书改变了教材的传统编写形式，将教材结构分为理论知识、实践与体验两部分，其中实践与体验部分包括【自我训练】、【团队训练】和【生涯计划】。新颖的编写体例使教师的授课形式更加灵活，有助于师生间和学生间进行互动，有效激发学生的学习兴趣，挖掘潜力，让学生体验到学习和合作的快乐。

本书由锁冠侠担任主编，谷肖璇和石夏榕担任副主编，具体分工如下：第一章、第二章、第三章由锁冠侠编写，第四章、第五章由谷肖璇编写，第六章由石夏榕编写。

本书在编写过程中，参阅了许多同类教材和文献资料，汲取了其中的精髓，同时还借鉴了一些专家的理论和观点，也得到了广大师生的支持和帮助，在此表示衷心感谢！

由于编者水平有限，本书难免有疏漏和不妥之处，敬请专家和读者批评指正，提出修改意见，以便我们再版时修正。

编　者
2024 年 5 月

目　　录

第一章　走进大学生活 重视职业生涯规划

第一节　高职学生的发展与规划

一、高职学生的出路

高职教育作为我国高等教育的重要组成部分，为高职学生提供了实用技能的培训和专业知识的学习机会，使他们在毕业后能够顺利进入职场或继续深造。对于高职毕业的大学生来说，毕业后的出路是多种多样的，具体取决于个人的意愿、技能和职业目标。

（一）就业

就业是高职学生毕业后最常见的出路。凭借在高职院校所获得的专业技能和实践经验，高职学生可以在各自相关的行业中寻找合适的工作机会。以下是一些高职学生常见的就业领域。

（1）技术领域：高职学生在技术领域有着独特的优势，可以选择成为技术员、程序员等，从事机械制造、电子工程、信息技术等领域的工作。

（2）服务业：服务业是一个广泛的领域，包括酒店管理、餐饮服务、医疗护理、物流管理等。高职学生可以在这些行业中找到适合的职位，如酒店前台、餐饮经理、护士、物流专员等。

（3）制造业：制造业对于具备实际操作技能的高职学生来说是一个很好的选择。他们可以在工厂、车间或生产线上从事生产管理、设备维护、质量控制等工作。

（二）升学

对于那些希望进一步提升自己学历和专业素养的高职学生来说，升学是一个不错的选择，他们可以通过以下途径继续深造。

（1）专升本：高职学生可以通过专升本考试进入本科阶段学习，获得本科学位。这将为他们提供更深入的学术知识和专业技能，拓宽职业发展的道路。

（2）研究生教育：符合条件的高职学生可以考虑攻读硕士研究生学位，深入研究某个领域，提升自己的学术能力和就业竞争力。

（三）参军入伍

参军入伍对于一些高职学生来说也是一种非常有吸引力的选择。军队生活可以为他们提供丰富的经历和成长机会。

（四）自主创业

部分高职学生具备创新精神和创业意识，可以选择自主创业。他们可以将所学的技能和知识应用到自己的创业项目中，开创属于自己的事业。

总之，高职学生毕业后的出路是多种多样的。无论是选择就业、升学、参军入伍还是自主创业，关键是要根据自己的兴趣、能力和职业目标做出适合自己的选择。通过不断学习和提升自己的技能，积极适应市场需求，高职学生可以开启成功的职业生涯，实现自己的人生目标。

二、高职学生的发展规划

据教育部统计，2023 年全国高职学校毕业生约为 81.9 万人，截至 2023 年 7 月 1 日，全国已有 2951 所高职学校开展毕业生就业工作，共计就业 559.7 万人，就业率高达98.34%。2022 年同期，毕业生就业率为 90.83%。

尽管高职毕业生的整体就业情况较好，但不同专业之间的就业形势存在差异。部分专业（如化工、制药和智能制造类）的就业形势相对稳定，而服务类企业的用人需求则受社会因素影响较大。

面对当前的就业形势，高职学生需要不断提升自己的专业技能和综合素质，积极寻找就业机会，并根据自身情况和市场需求做出明智的职业选择和努力方向。

（一）就业方面

面对当前的就业形势，高职学生可以从以下几个方面提升自己的专业技能和综合素质。

1. 专业技能的提升

（1）实践操作：积极参与各类实践、实操的相关课程，通过实际操作来提升专业技能。实践经验能够增强对理论知识的理解，并培养实际工作能力。

（2）学习新技术：关注行业动态，了解并学习当前热门的技术和工具。通过参加培训课程、在线学习平台或自学，不断丰富自己的知识储备。

（3）参与竞赛和活动：参加专业相关的竞赛、研讨会和活动，与同行交流，展示自己的技能，并从他人的经验中学习。

（4）获得认证和资质：考取相关的认证和资质证书，这些证书可以证明自己的专业能力和知识水平，从而提升自己在特定领域的竞争力。

2. 综合素质的提升

（1）沟通与协作：提升沟通能力，包括语言和书面表达能力。学会与团队成员合作，培养团队合作精神和领导能力。

（2）解决问题的能力：培养分析问题和解决问题的能力。通过学习逻辑思维、决策分析等方法，提高自己在工作中应对各种挑战的能力。

（3）自我管理：提升时间管理、压力管理和情绪管理的能力。良好的自我管理能力有助于提高工作效率和应对职场压力。

（4）持续学习：保持学习的热情和好奇心，不断追求知识的更新和自身能力的提升。具备终身学习的意识和能力，适应不断变化的职场环境。

（5）社会责任感：培养社会责任感，时刻关注社会热点问题，并积极参与志愿活动和社区服务等社会公益活动，这有助于塑造良好的品德和价值观。

总之，高职学生可以通过积极学习、实践操作、参与活动等多种途径来提升自己的专业技能和综合素质。同时，要保持积极的心态，不断调整自己的状态以适应就业市场的变化，提高自身竞争力。

（二）升学方面

专升本考试是指专科层次学生进入本科层次阶段学习的选拔考试。目前专升本主要的三种考试形式为统考、对口升本和自考。下面以甘肃省为例简单介绍专升本考试的基本情况。

2024 年甘肃省专升本考试整体上与往年相近，没有大的调整。具体录取政策可参考《2024 年甘肃省普通高校高职（专科）升本科统一考试招生工作实施方案》。此外，甘肃省教育考试院于 2024 年 1 月发布了《2024 年甘肃省普通高校高职（专科）升本科免试招生工作实施方案》，规定了免试生的招生政策。建议访问甘肃省教育考试院官方网站了解更多详细内容。

根据《甘肃省普通高等学校高职（专科）升本科考试招生工作方案（试行）》，从 2025 年开始，甘肃省专升本考试文化课测试内容文科大类增加大学语文课程，理科大类增加高等数学课程，同时在文化课测试中增加思政课内容。各高职（专科）院校从 2022 级新生开始，文科学生增加大学语文课程，理科学生增加高等数学课程。

更多 2025 年甘肃省专升本考试科目的信息，建议关注甘肃省教育考试院官方网站。

甘肃省专升本考试科目分为公共课和专业课，公共课为英语、计算机，专业课各个专业大类考试科目不同。

1. 专业课的考试内容

（1）资源类（一）：一般包括客观题（单项选择题、判断题）和非客观题（填空题、简答题、作图题）。其中，气象学与气候学模块为考生必选的通识模块，分值为 40 分；农业气象模块、微生物模块为考生自选模块，考生从中自选一个模块进行测试，分值为 110 分。

（2）资源类（二）：一般包括客观题（单项选择题、判断题、填空题）和非客观题（简答题、论述题）。气象学与气候学模块为考生必选的通识模块，分值为 40 分；农业气象模块、微生物模块为考生自选模块，考生从中自选一个模块进行测试，分值为 110 分。

（3）电子类：一般包括客观题（单项选择题、多项选择题、判断题）和非客观题（填空题、编程题）。测试内容主要包括 C 语言程序设计基础、顺序结构程序设计、选择结构程序设计、循环结构程序设计、数组应用、模块化程序设计等 6 个知识模块。

（4）生化类：一般包括客观题（单项选择题、判断题）和非客观题（填空题、简答题、计算题）。其中，无机化学模块占 40%，有机化学模块占 60%。

（5）公安类：一般包括客观题（单项选择题、多项选择题、判断题）和非客观题（简答题、论述题、案例分析题）。测试内容主要包括法理学、宪法学 2 个课程模块，要求学生应掌握法理学、宪法学的基础内容。

（6）能源类：以客观题（单项选择题、多项选择题、判断题）为主。制图模块占试卷总分值的 60%，即 90 分；电工模块占试卷总分值的 40%，即 60 分。

（7）交通类：包括客观题（单项选择题、判断题）和非客观题（填空题、简答题、作图题）。其中，交通运输概论基础知识和画法几何与制图基础知识的分值各占 50%。

（8）土建类：包括客观题（单项选择题、判断题）和非客观题（填空题、简答题、计算题、作图题）。其中，通识知识模块为工程制图，本模块为考生测试必选项，分值为 80 分；自选知识模块为工程材料、工程测量，考生从中自选一个知识模块测试，分值为 70 分。

（9）装备类：主要有单项选择题、填空题、判断题、作图题等题型。选定"机械制图"通识知识模块作为专业课考试科目。"机械制图"通识知识模块共有 6 个知识点，主要包括制图基本知识、投影基础、组合体和机件常用的表达方法等测试内容，测试考生关于识图和制图基本知识掌握情况。

具体的考试政策和要求可能因地区和时间而有所不同，建议咨询所在学校的教务处或当地的教育招生考试机构，以获取准确的信息。

2. 考生应从以下几个方面备考专升本

（1）了解考试内容和要求：仔细阅读甘肃省专升本考试的招生简章和考试大纲，了解考试科目、考试形式、考试内容和重点等，有针对性地进行备考。

（2）制订合理的学习计划：根据考试大纲和自己的时间安排，制订合理的学习计划。合理分配每个科目的学习时间，确保每个科目都有充足的复习时间。

（3）注重基础知识的学习：专升本考试注重对基础知识的考查，因此要注重对基础知识的学习和掌握。可以通过系统性学习教材、做习题、参加辅导班等方式来巩固基础知识。

（4）多做真题和模拟题：通过做真题和模拟题，可以熟悉考试题型、考试难度和考试要求，同时也可以检验自己的学习效果。可以在网上搜索或者购买相关的考试题库进行练习。

（5）参加辅导班或培训课程：如果自己的学习效果不理想，可以考虑参加辅导班或培训课程。辅导班或培训课程可以提供系统的学习指导和备考技巧，帮助自己更好地备考。

（6）注重综合素质的提升：除了学习专业知识外，还要注重综合素质的提升，如英语水平、计算机应用能力、沟通能力、团队协作能力等。这些能力在考试或者未来的学习及工作中都非常重要。

（7）保持良好的心态：备考过程中可能会遇到困难和挫折，要保持积极的心态，相信自己的能力和努力。合理安排休息时间，避免过度焦虑和压力。

（8）及时关注考试信息：及时关注甘肃省教育考试院等官方网站发布的考试信息，了解考试时间、报名时间、考试地点等重要信息，确保自己不会错过任何重要的环节。

备考是一个长期的过程，需要坚持不懈地努力。同时，要根据自己的实际情况和学习进度进行调整，找到最适合自己的备考方法。

（三）参军入伍方面

1. 大学生参军入伍对个人和社会的意义

（1）国家安全和国防建设：参军入伍是为国家的安全和国防建设作贡献。大学生作为接受过高等教育的人才，能够为军队建设提供专业知识和技能，增强军队的战斗力。

（2）自我成长和锻炼：军队生活能够培养大学生的纪律性、责任感、团队合作能力和领导能力。通过体能训练、军事技能训练和思想教育，大学生可以得到全面的锻炼和成长。

（3）职业发展机会：参军入伍可以为大学生提供职业发展的机会。军队中的经验和技能在退役后可以转化为其他领域的职业竞争力，增加就业机会。

（4）教育和培训机会：军队通常会提供各种教育和培训机会，帮助大学生提升自己的技能和知识水平。这些培训和教育资源可以为个人的职业发展打下坚实的基础。

（5）增强爱国主义精神：参军入伍可以增强大学生的爱国主义精神和民族自豪感。通过为国家和人民服务，大学生能够更深刻地认识到自己的责任和使命。

（6）社会认可和尊重：参军入伍是一种对国家和社会的贡献，能够获得社会的认可和尊重。这种经历可以为个人带来自豪感和成就感。

需要注意的是，参军入伍是一项重大的决定，需要综合考虑个人的兴趣、职业规划和家庭情况等因素。如果对参军入伍感兴趣，建议详细了解相关政策和程序，并向军队招募机构或相关部门咨询。

2. 参军入伍前的规划

（1）明确自己的职业目标：在参军入伍前，高职学生应该对自己的职业目标有一个清晰的认识。可以考虑自己的兴趣、技能和价值观，确定自己想要从事的职业领域。

（2）制订学习计划：根据职业目标，制订相应的学习计划。可以在学校选择相关的专业课程，或者通过自学、参加培训课程等方式来提升自己的知识和技能。

（3）注重实践经验：除了课堂学习，实践经验也非常重要。可以通过实习、参加社团活动、参与项目等方式来积累实践经验，提升自己的实际操作能力。

（4）提升综合素质：参军入伍需要具备良好的综合素质，包括身体素质、心理素质、沟通能力、团队合作能力等。可以通过参加体育锻炼、参加社团活动、参与志愿者工作等方式来提升自己的综合素质。

（5）建立人际关系网络：在学校和社会中建立良好的人际关系网络对于未来的职业

发展非常重要。可以通过参加社团活动、实习、参加行业会议等方式来扩大自己的人际关系网络。

（6）了解军队的职业发展机会：在参军入伍前，可以了解军队内部的职业发展机会和晋升机制，以便在服役期间更好地规划自己的职业发展。

（7）持续学习和自我提升：无论是在军队还是在退役后，持续学习和自我提升都是非常重要的。可以通过阅读书籍、参加培训课程、获取新的技能认证等方式来不断提升自己的能力。

总之，参军入伍前，高职学生应该明确自己的职业目标，制订学习计划，注重实践经验，提升综合素质，建立人际关系网络，了解军队的职业发展机会，并持续学习和自我提升。这样可以为自己的学业和职业发展打下坚实的基础，更好地实现自己的人生目标。

3. 参军入伍对高职学生学业的积极影响和可能的挑战

1）积极影响

（1）纪律性和自律能力：军队生活强调纪律和自律，通过参军入伍，高职学生可以培养出更好的自我管理能力和时间管理能力，这对学业也有积极的影响。

（2）领导力和团队合作：军队注重培养领导力和团队合作能力，这些技能在学业和未来的职业生涯中都非常重要。

（3）自我成长和成熟：参军入伍经历可以帮助高职学生更快地成长和成熟，培养出坚忍不拔、富有责任心和勇于担当等品质，这些品质对学业和人生发展都有益处。

（4）教育和培训机会：军队通常会提供各种教育和培训机会，包括专业技能培训和学术课程。这些机会可以帮助高职学生提升自己的知识和技能水平。

（5）奖学金和资助：一些军队计划和奖学金项目可能会提供经济资助，帮助高职学生支付学费和其他教育相关费用。

2）可能的挑战

（1）学业中断：参军入伍可能会导致学业的中断，需要在服役结束后重新适应学校生活和学习节奏。

（2）时间压力：服役期间可能会有严格的时间要求和任务安排，可能会对完成学业造成一定的压力，需要更好地规划和管理时间。

（3）学习进度：参军入伍可能会导致学习进度的延迟或中断，需要在回归学业后加快学习进度。

（4）适应问题：退役后重新适应学校生活和学习环境可能需要一定的时间和努力，包括适应不同的学习方式和教学方法。

需要注意的是，这些影响和挑战并不是绝对的，每个人的情况都有所不同。对于有兴趣参军入伍的高职学生来说，了解军队的相关政策和程序，可向学校的征兵办公室或相关部门咨询，以便更好地规划自己的学业和未来发展。同时，合理安排时间、制订学习计划，并寻求适当的支持和帮助，这样可以最大程度地减少潜在的负面影响，并充分利用参军入伍带来的积极影响。

4. 参军入伍后继续完成学业的途径

（1）自学：在军队服役期间，可以利用业余时间进行自学，通过阅读相关书籍、学习在线课程等方式来提升自己的知识水平。

（2）远程教育：许多高校提供远程教育课程，可以通过网络学习来继续完成学业。可以与学校联系，了解他们是否提供适合自己的远程学习选项。

（3）转学或复学：在退役后，可以申请转学或复学，回到原来的学校或选择其他适合的学校继续完成学业。需要与原学校或目标学校联系，了解相关的转学或复学政策和程序。

（4）成人教育：考虑参加成人教育课程，如夜校、函授课程或在线学习平台。这些课程通常更灵活，适合有工作或其他事务的学生。

（5）奖学金和资助：了解军队和教育机构提供的奖学金和资助机会，这可以帮助自己支付学费和其他与学习相关的费用。

无论选择哪种途径，都需要充分规划和管理时间，以确保能够平衡军队职责和学业需求。同时，与学校和相关机构进行沟通，了解具体的政策和要求，以便顺利完成学业。

（四）自主创业方面

1. 自主创业前的准备

（1）明确创业方向：首先要确定自己想要创业的领域和方向。可以结合自己的专业背景、兴趣爱好以及市场需求来选择一个有潜力的创业方向。

（2）市场调研：进行市场调研，了解目标市场的需求、竞争情况和潜在机会。可以通过问卷调查、行业报告、竞品分析等方式获取相关信息。

（3）制订商业计划：根据市场调研的结果，制订详细的商业计划。商业计划应包括项目的目标、产品或服务的定位、营销策略、运营管理、财务预算等方面的内容。

（4）积累经验和提升技能：在创业之前，可以通过实习、兼职或参与相关项目等方式积累经验和提升技能。这有助于提升自己的能力和增加对行业的了解。

（5）寻找合作伙伴：如果可能的话，可以寻找合作伙伴或团队成员，他们可以带来不同的技能和资源，共同实现创业目标。

（6）资金准备：创业需要资金支持，可以通过个人储蓄、贷款、寻找投资人等方式来筹集资金。同时，要合理规划资金使用，确保资金的可持续性。

（7）法律和行政手续：了解并办理相关的法律和行政手续，如注册公司、申请营业执照、税务登记等。

（8）持续学习和适应：创业是一个不断学习和适应的过程。要保持学习的心态，关注行业动态和市场变化，及时调整策略。

（9）建立人脉关系：建立广泛的人脉关系，包括行业内的专家、潜在客户、供应商等。人脉关系可以为创业提供支持和机会。

（10）坚持和耐心：创业过程中可能会遇到挑战和困难，需要坚持和保持耐心。要有信心并不断努力，逐步实现创业目标。

　　以上是一些基本的准备建议，创业过程因人而异，需要根据具体情况进行灵活调整和执行。在创业之前，建议咨询专业人士、创业导师或参加相关的培训课程，获取更多的指导和支持。

2. 创业过程中可能会遇到的风险

　　（1）市场风险：市场需求的变化、竞争对手的增加、行业趋势的不确定性等都可能对创业项目产生影响。

　　（2）财务风险：资金不足、资金管理不善、成本超支等财务问题可能导致创业失败。

　　（3）技术风险：技术创新的不确定性、技术难题的解决、技术更新换代等都可能对创业项目造成风险。

　　（4）人力资源风险：团队成员的流失、人才招聘困难、团队合作问题等都可能影响创业的成功。

　　（5）法律法规风险：不熟悉相关法律法规、违反法律规定等可能带来法律风险。

　　（6）运营管理风险：包括生产管理、供应链管理、市场营销等方面的风险，如管理不善可能导致效率低下、质量问题等。

　　（7）竞争风险：竞争对手的出现、竞争策略的失误等都可能影响创业项目的市场份额和盈利能力。

　　（8）政策风险：政策变化、政策不确定性等可能对创业项目产生不利影响。

　　（9）外部环境风险：宏观经济环境、社会环境、自然灾害等外部因素也可能对创业项目造成风险。

　　以上仅列举了一些常见的风险，实际上创业过程中还可能面临其他各种风险。因此，在创业之前，需要充分评估和分析可能遇到的风险，并制定相应的应对策略。同时，要保持敏锐的风险意识，及时调整创业策略，以降低风险并提高创业成功的机会。建议在创业过程中寻求专业的创业指导和支持，以帮助应对各种风险挑战。

3. 选择适合自己的创业方向

　　（1）结合专业背景：考虑自己所学的专业和技能，寻找与之相关的创业机会。利用所学的专业知识和技能，可以增加创业成功的机会。

　　（2）个人兴趣和激情：选择自己感兴趣和热爱的领域，将更有动力和毅力去追求创业目标。激情和兴趣可以帮助自己克服困难和挑战。

　　（3）市场需求和趋势：研究市场需求和行业趋势，寻找有潜力和增长机会的领域。关注社会热点、新兴技术和消费需求的变化，找到市场空缺或有需求的领域。

　　（4）自身优势和资源：评估自己的优势和可用资源，包括人脉、资金、技术、地理位置等。选择能够充分发挥自身优势和利用现有资源的创业方向。

　　（5）创新和差异化：寻找有创新空间的领域，提供与众不同的产品或服务。通过创新和差异化，可以吸引客户并在竞争中脱颖而出。

　　（6）实践经验和实习机会：通过实习、兼职或参与相关项目，获得实践经验。实践经验可以帮助自己更好地了解行业和市场，发现潜在的创业机会。

（7）寻求导师或行业专家的建议：与创业导师、行业专家或成功创业者交流，寻求他们的建议和意见。他们的经验和洞察力可以帮助自己更好地选择创业方向。

（8）持续学习和适应能力：保持学习的心态，不断提升自己的知识和技能。选择一个具有学习和成长机会的创业方向，以适应市场变化和行业发展。

最重要的是，选择适合自己的创业方向需要综合考虑自身情况和市场需求。在做出决策之前，进行充分的市场调研和自我评估，权衡利弊，并制订可行的创业计划。同时，要保持灵活性和适应性，根据市场反馈和变化及时调整创业方向。创业是一个不断学习和成长的过程，持续学习和改进是取得成功的关键。

4. 创业者需要具备的素质和能力

（1）领导力：具备领导能力，能够激励和引导团队成员实现共同的目标。

（2）创新能力：拥有创新思维，能够提供独特的产品或服务，以满足市场需求。

（3）决策能力：能够快速做出明智的决策，并承担相应的风险和责任。

（4）坚韧不拔：具备坚韧的毅力和决心，能够克服困难和挫折，并持续努力。

（5）学习能力：保持学习的热情，不断提升自己的知识和技能，适应市场和行业的变化。

（6）人际关系和沟通能力：善于与人交往，建立良好的人际关系，并具备有效的沟通和表达能力。

（7）团队合作能力：能够与团队成员合作，发挥各自的优势，实现共同的目标。

（8）财务管理能力：具备基本的财务知识和管理能力，能够合理规划和管理企业的财务资源。

（9）市场洞察力：对市场有敏锐的洞察力，能够把握市场趋势和机会。

（10）时间管理能力：善于合理安排时间，高效地完成各项任务。

（11）适应变化的能力：能够灵活应对市场和环境的变化，并及时调整策略。

（12）责任心：对企业和员工负责，秉持诚信和道德原则。

这些素质和能力是成功创业者的重要特征，但不同的创业领域和个人情况可能会有所不同。不断发展和提升这些素质和能力，将有助于提高创业的成功率，并实现个人和企业的成长。同时，创业者也应该根据自身情况和创业需求，有针对性地培养和提升自己的能力。

第二节　如何度过大学生活

一、职业教育发展趋势

进入新时代，国际竞争更加激烈，经济竞争归根结底是人才的竞争、教育的竞争。其中，职业教育与经济社会发展紧密相连。加强职业教育发展，提高国民经济发展水平，已然成为各个国家经济发展的共识。培养高素质、高技能型人才已经成了各国职业教育的中心目标。促进高等职业教育发展已成为我国培养高技术人才、增强国际竞争力、提高国际地位的重要手段。

（一）高等职业教育发展的背景

经济全球化是当前的大趋势，任何国家都不能置身事外，提升国家整体实力是对每个国家的必然要求。当今世界科技飞速发展，竞争越来越激烈，国家强大需要高素质人才的支撑，只有拥有数量众多的高技术人才，才能掌握核心技术，才能在竞争中立于不败之地。目前我国高技能人才缺口较大，这也成为影响国家提升综合国力的重要因素之一，这就需要通过职业教育来培养更多的高技能人才，为提升综合国力提供人力支撑。

1. 发展高等职业教育能够满足产业升级对高水平技术技能人才的需求

一方面，在经济结构调整和产业结构优化升级的背景下，培养高技术人才已经变得刻不容缓。我国是人口大国，我们要充分发挥人力资源优势，把人口大国变成人口强国，打造更多优秀的人才。当然，人口数量不一定与人力资源的实力成正比。也就是说，人口多并不一定人力资源就强。因此，我国需要做好人力资源开发和建设，培养更多高素质、高技能型人才。显然，人力资源转变的重要途径之一就是发展高等职业教育。另一方面，大力发展职业教育，把人才培养放在重要位置，这也是我国应对知识经济和经济全球化挑战、走新型工业化道路的需要。我国已成为制造大国，但并不是制造强国。与世界发达国家相比，我国在掌握核心技术和创新领域方面还存在提升的空间。因此，我国应重视高技能人才的培养，把发展职业教育放在国家战略层面，为我国走新型工业化道路、成为制造强国作出贡献。

2. 发展高等职业教育是我国高等教育改革的现实需求

进入新时代，面对国际市场的冲击，我国经济发展领域的短板日益显露，即高技术人才匮乏。受国内外形势的影响，我国高等教育领域的改革势在必行。高等教育的发展要与我国的经济发展相协调，主要表现为高等教育培养的人才规格与数量要与当前我国经济市场所需要的人力资源相一致。也就是说，高等教育要为经济发展服务，培养的人才要满足社会和市场的需求。不同的行业对人才的需求也是不同的，仅仅依靠普通高等教育已经不能满足社会的需求。受传统思想的影响，我国在相当长一段时期内处于单一的教育类型和教育结构的状态中。这种单一的教育结构培养的人才并不能满足社会对多样化人才的需求，供需矛盾日益增加，这就需要大力发展高等职业教育。

3. 发展高等职业教育是满足人民群众受教育需求的现实需要

随着社会进步和人民生活水平的提高，广大人民群众受教育的需求也越来越强烈。高等职业教育作为高等教育大众化的主力军，在满足用人单位人才需求的同时，也满足了普通民众提高学历和技能水平的愿望。

目前，我国高等职业教育基本形成了每个地市至少设置一个高等职业院校的格局，为服务地方经济社会发展起着越来越重要的作用。高等职业教育尊重人与人之间的智力、个性差异，因材施教，为不同的学生提供广阔的选择和发展空间，为各类学生的升学、深造和发展提供了更多的机会。

　　高等职业教育以鲜明的办学特色，为人们提供了多样化的教育形式，让不同的人都能从中找到适合自己的学习和发展空间，从而使教育事业关注每个人成为现实。

（二）我国高等职业教育发展概况

1. 我国高等职业教育立法的发展

　　在《辞海》（第七版）中，职业教育被定义为给予学生或在职人员从事某种生产、工作所需的知识、技能和道德的教育。也有专家认为职业教育是指劳动者在经历普通教育后，对社会所需要的各种职业或岗位从业者所进行的职业知识、职业技能和职业态度等内容的教育和培训，以使其成为具有高尚的职业道德、严明的职业纪律、宽广的职业知识和熟练的职业技能的劳动者，从而适应就业的个人要求和客观的岗位需要，最终推动生产力的发展。

　　现代职业教育是国民教育体系和人力资源开发的重要组成部分，是为广大青年打开通往成功、成才之路的重要途径。办好职业教育、加快培养大批高素质劳动者和技术技能型应用人才，对我国社会主义现代化建设、实现"两个一百年"奋斗目标和中华民族伟大复兴中国梦具有重要意义。

　　根据《中华人民共和国职业教育法》（2022 年 4 月修订）的规定，"职业学校教育分为中等职业学校教育、高等职业学校教育。中等职业学校教育由高级中等教育层次的中等职业学校（含技工学校）实施。高等职业学校教育由专科、本科及以上教育层次的高等职业学校和普通高等学校实施。根据高等职业学校设置制度规定，将符合条件的技师学院纳入高等职业学校序列"。

2. 国家愈加重视高等职业教育的发展

　　2019 年 1 月，国务院发布了"职教 20 条"——《国家职业教育改革实施方案》，第一句话即说明了高等职业教育的地位："职业教育与普通教育是两种不同教育类型，具有同等重要地位。"2019 年 10 月 25 日，教育部公布了拟立项建设的 197 个中国特色高水平高职学校和专业群，"双高计划"进入正式实施阶段。

　　2019 年 2 月，中共中央、国务院印发了《中国教育现代化 2035》，指出要加快发展现代职业教育，不断优化职业教育结构与布局。

　　2021 年，教育部关于印发《职业教育专业目录（2021 年）》的通知规定，高等职业院校可以自主设置和调整专业，对于高职本科专业要"高起点、高标准"严格把控，进一步加强对高等职业教育发展方向的把控和调整。不断增强适应性，与经济社会发展同频共振，职业教育迸发出更强劲的生机活力。根据产业需求，更新升级一批现有专业、增设和适度超前规划一批新专业、淘汰一批落后专业、科学设置职教本科专业，共设置1349 个专业。其中，中职专业 358 个、高职专科专业 744 个、职教本科专业 247 个，调整幅度分别达到 61.1%、56.4%和 260%。

　　截至 2023 年 6 月 15 日，全国高等学校共计 3072 所，其中：普通高等学校 2820 所，含本科院校 1275 所、高职（专科）院校 1545 所；成人高等学校 252 所。未包含港澳台地区高等学校。

3. 高等职业教育为社会发展作出了重大贡献

随着全球产业链的不断完善，国际产业合作与交流不断增强，这也要求人才培养的标准或者规格要国际化。高等职业教育以其自身特点和优势，培养了大批生产、建设、管理、服务一线所急需的高素质技术技能人才，为提高全民就业能力水平，为有效实现高等教育与中国社会经济相结合，为中国经济的快速发展和社会稳定作出了重大的贡献。

面向市场、服务产业是职业教育的基本功能，也是推动职业教育发展的基本策略。近年来，我国职业教育主动适应经济结构调整和产业变革，紧盯产业链条、市场信号、技术前沿和民生需求，对接新经济、新业态、新技术、新职业，推进专业升级和数字化改造。国家坚持引导和鼓励职业院校将社会培训和技术服务作为重要办学内容之一，推动"学历教育与培训并举"的法定职责落地，完善学历教育与培训并重的现代职业教育体系，不断加大技术技能人才供给。

二、大学对个人的意义

大学在一个人的人生旅途中，是陌生又神奇的一站，它更加开放、多元、自由。大学生离开家庭相对独立生活，同时又没有职场压力和太多的经济负担，这可能是人的一生中时间相对自由、能为自己想做的事全身心投入的阶段。这个阶段为大学生提供了更多的发展路径，更多元化的评价标准，以及更高的要求。

大学生不仅需要完成学业，也需要做好进入社会的准备。大学是在校生涯的最后一站，也是人生成就的预备期。

（一）大学里有什么

国家对高等教育的投入不断增加，学校建设的要求不断提高，大学为大学生提供了一个展现自我的舞台，大学生可以利用大学提供的各种资源实现自我提升。大学里可以提供学习所需的各类资源，大学生可以通过各类资源获得自己想要的东西。

1. 专业的任课教师

大学里有各类专业的优秀代表——任课教师，他们除了具备较强的教学能力外，还具有较高的科研能力或社会服务能力。大学教师通过课堂授课、专题讲座、大赛指导等多种方式向大学生传授系统的专业知识、前沿的研究成果和实用的专业技能。

2. 丰富的图书资源

图书馆是大学学习的公共场所，每个大学图书馆纸质藏书或电子图书的种类或数量丰富，可以满足在校大学生专业学习和知识拓展的需要。充分利用图书馆资源，是大学生获取知识和学习素材的重要途径，图书馆是大学生提升自身知识储备的重要地方。

3. 多样的实践活动

大学中的社团活动和志愿者活动是展示自己特长、锻炼自我能力的主要实践活动。心动不如行动，不要徘徊，不要观望，多参加就会有收获。

4. 充足的运动场地

大学校园一般配备篮球场、排球场、羽毛球馆、游泳馆、足球场等，为大学生提供运动的场地支持。生命在于运动，大学生应积极、主动地参加体育运动，增强体质。

5. 浓厚的文化氛围

大学中的文化氛围浓厚，这种文化氛围是大学精神的一种体现。大学生的思想和行为会受到大学精神的熏陶，让自己变得更加自信、正直，也会让自己的视野变得更开阔，学习能力得到提升。

（二）大学里学什么

大学生会学习与所学专业有关的各种专业知识和技能，也会学习一些自己感兴趣的内容，如与锻炼自己的特长、发展自己的兴趣有关的内容等。大学生必须完成学校规定的学习任务和实践活动，达到合格毕业生的标准。以终为始，学习是为了以后更好地进入职场，大学生在大学期间需要完成以下学习任务。

1. 学会做人

是否成功和幸福，来自一个人是否懂得做人的道理，即做事先做人。个人不管有多少财富、多高的社会地位、多么聪明、多么能干，要想获得真正意义上的成功和幸福，都必须懂得如何做人。

学会做人是每个人在一生当中时时刻刻都要面对的课题，不能一蹴而就，更不能一劳永逸。大学期间，可以从老师、同学、朋友等身边人的言行中学习和体会，这是一种隐性的学习，需要从一言一行做起。

2. 学会学习

在知识接收渠道多样、知识大爆炸的新时代，学校和教师不可能保证学生学到的知识和技能都会运用于今后的工作和生活，还需要大学生学会自己获取课堂以外的知识和技能。在知识更新加速和竞争激烈的职场，要想获得自己的一席之地，就必须在大学期间学会独立思考并掌握一种或几种适合自己的学习方法，这样才能在竞争中游刃有余、得心应手。

大学不是职业培训班，能够让大学生毕业后就能胜任某一工作岗位，而是让其学会适应社会发展和不同岗位的教育平台。在学习专业知识技能的基础上，大学生必须学会独立解决问题，只有这样才能跟上瞬息万变的未来世界。

大学生要纠正那些教师教得不好、学校课程安排不合理等不当想法，主动培养自学能力，掌握自修之道，从课堂、书本、交往、实践等方面全方位终身学习，不断提升内功，这样才能立于不败之地。

3. 学会做事

学会做事简单理解就是掌握做事的本领或者具备从事某一领域工作的能力。这种本领或能力不仅包括专业知识和技能这种硬实力，还包括支撑做事所需的软素质，需要大学生不断积累和提升。

（三）大学的意义是什么

大学对个人的意义重大，每一个大学生都应该珍惜大学的学习生活。

1. 大学让自己的能力得到确信

一些人做事不成功，大多情况下是因为自信心不足，而大学就是推动每一个学生获得自信的平台。遵守大学里严格的管理制度，养成良好的学习和生活习惯，完成相关学习任务，通过相关考核等都是提升大学生自信的有效方式。如果大学期间养成的学习、准时、独立的习惯能够被带到职场，就能帮自己更快地适应职场环境，利用自己所学的职业技能创造价值。

2. 大学让自己的心性得到提高

通常大学里的教师和同学是真诚的，相互之间没有利益关系，愿意分享自己的知识、经验和为人处世的道理。这种真诚有利于提高自己的心性。良好的心性能够锻炼我们的可迁移技能，使自己今后能够更快地适应不同的工作岗位，并且愿意接受工作中的各种挑战并付诸实践，提高应对困难的坚韧意志力。

3. 大学让自己的创新能力得到提高

未来社会发展需要创新，人的成长也需要有创新能力。大学期间，大学生会在教师和同学的指导和帮助下，进行知识和实践技能的训练，这就是一个创新的体验过程。大学鼓励大学生参加各类创新创业大赛、专业技能竞赛等活动，通过训练和参赛提高自己的创新能力、培养自己的创新素养，为岗位创新奠定坚实基础。

三、大学生活的变化及其应对

大学生在身心发展上处于快速变化阶段，开始从不成熟过渡到成熟。大学生活与高中生活相比，有很大的差异，在大学这个崭新的环境中，适应起来就会出现各种各样的困难。所以，适应大学环境、融入大学生活，是大学生自我成长的重要一课。

（一）大学生活的变化

大学阶段，是人生的一个特殊而关键的时期，充满各种挑战。进入大学，学习和生活会有很多新变化。大学生活相较于中学生活而言，至少有四个方面的变化。

1. 生活环境的变化

上大学前与父母居住，大多由父母全权负责饮食起居的安排和管理，而大学是独立的集体生活，饮食、气候、语言、思维、作息等都可能跟在父母身边时有很大不同，生活领域将跨出单纯的学习环境，会拥有众多丰富多彩的社团和学校活动。

2. 学习状况的变化

与中学相比，大学的学习任务重、内容多、范围广、深度大；学习方式由依赖教师转为学生自主安排学习，这样的学习方式更有利于大学生的个性发展，但对个人的学习能力（包括规划能力、认知新事物的能力、分析能力、分配时间的能力以及反思能力等）提出更高的要求。

3. 人际关系的变化

面对全新的学习和生活环境，有些大学生对人际交往的方式和对象的改变难以适应，常常因缺乏必要的交往技巧而难以建立友好的关系。因此，大学生要正确地面对自己和他人，以积极的心态面对生活，在挫折中逐步找到自己的平衡点，探求自身更好的发展。

4. 管理方式的变化

从教学管理看，大学实行学分制，学生既可以提前修满学分毕业，也可以延长学习时间。从管理方法上看，大学更多地强调学生的自我管理、自我教育、自我服务、自我约束。

（二）大学生活变化的应对

应对大学生活变化，说到底是要实现角色的转变。

1. 社会角色的转变

大学生与中学生担任的校内角色不同。在中学时，不少人在校内或班内担任一定职务，而在人才荟萃的大学校园里，他们中的大多数可能是没有任何职务的普通学生。此外，大学生与中学生所担当的社会角色也不同，中学生的心理和思想正在发展中，职业方向不够确定；而大学生的职业方向基本确定，社会对大学生的期望和要求要比中学生高得多。因此，大学新生要实现从中学生到大学生这种社会角色的变化，按照准职业人的标准严格要求自己，既学做人又学做事。

2. 奋斗目标的转变

大学是成就人生、成就事业的一个新起点。大学生应从高考胜利的满足和陶醉中清醒过来，根据学校教学的客观现实和自己的实际情况，科学制定出个人在专业学习、思想道德、心理素养等方面的奋斗目标和行动方略，以增强进取的内动力，为争创大学阶段的人生辉煌打下良好的基础。

3. 思维方式的转变

与中学生活相比，大学生活节奏快，活动空间大，结交的人多。面对这些环境条件的变化，大学新生的思维方式要做到由"非成人化"向"成人化"转变。在思考处理所遇到的问题时，要力求做到辩证全面，而不要唯心片面，要远见务实，而不要目光短浅，对人生重大问题的选择要三思而后行，不要盲目冲动或感情用事，要加强道德和法治观念，做事要考虑后果。

4. 生活方式的转变

在中学时，生活琐事常常依靠父母亲友的帮助，进入大学后，衣食住行等个人生活都由自己处理安排，自主、自立、自律是大学生活的主旋律。大学生应适应这些生活方式的变化，自主而合理地处理好个人的学习和生活问题，注意培养独立生活的能力，要自觉遵守学校的规章制度和作息时间，养成良好的生活习惯；要积极参加学校、班级组织的各种活动。

5. 交往方式的转变

大学生与中学生的来源不同。中学生大多在家乡就读，同学间充满乡音乡情；而大学生来自全国各地，其语言、个性、生活习惯有较大差异。大学生要从以"自我"为中心向以"集体"为中心转变，在班级里要多关心他人，在宿舍里要相互礼让。首先，要做到相互了解，相互适应，要提倡主动交往；其次，同学间要相互尊重，相互关心，为人要诚恳热情，宽以待人，严于律己，大事讲原则，小事讲风格；最后，与同学交往要坚持与人为善，要"五湖四海"全方位交往，而不要有宗派、拉帮结伙等庸俗作风，要注意人际关系的和谐性。交往中要注意给人以良好的印象，如衣着整洁大方，言谈举止文明有礼，待人诚恳，不卑不亢，讲信用，守时间等。还要消除交往中的羞怯情绪，培养交谈中"说"与"听"的技能。注意提高个人修养水平，养成良好的行为习惯，培养全方位的交际能力和处世艺术。

【学习感悟】

高等职业教育在高等教育中作为一种类型存在，得到了国家有力的支持，高职院校的学生要不断提升自身在社会和家长中的认可度。高职学生只要不懈努力，在所学专业中持续发展，在实际工作中展现能力，就能在自身的生涯发展中找准自我定位，不断实现自我并逐步超越自我。

大学生活是一种全新的生活状态，需要我们认清现实，不断调整，以学习者的态度面对新规则和新要求，通过自我调节不断转变观念，争取快速适应大学的学习生活。

【自我训练】

请运用信息检索技能，搜集一些职业院校毕业生的成功案例，提炼他们成功的主要原因，并分享给你的同学和家人。

代表人物 1：

_____

成功原因：

① _____

② _____

③ _____

代表人物 2：

_____

成功原因：

① _____

② _____

③ _____

【价值引领】

在全面建设社会主义现代化国家新征程中，职业教育前途广阔、大有可为。职业教育是一种面向人人的终身教育，是服务全民终身学习体系的重要支柱。

对于职业院校的大学生来说，要始终坚信人人皆可成才，要通过自身努力，成为高素质技术技能人才、能工巧匠、大国工匠，为全面建设社会主义现代化国家、实现中华民族伟大复兴中国梦作出自己应有的贡献。

【生涯计划】

作为高等职业院校的大学生，你未来的发展目标是：

_____

_____

_____

要在本专业领域中有所建树，你现在能做的是：

_____

_____

_____

第三节　解析职业生涯规划

一、职业生涯规划概述

（一）职业生涯的内涵

目前对职业生涯的含义还没有统一的界定，不同的学者则从不同的角度进行论述。有学者认为：职业生涯是指一个人一生经历的所有职位的整体历程，是生活中多种事件的演进方向和历程，是个人独特的自我发展类型。

也有学者认为：职业生涯是指一个人一生经历的与工作相关的经验方式，这种工作经历包括职位、职务经验和工作任务。

还有学者指出：职业生涯是指一个人依据理想的长期目标，所形成的一系列工作选择，以及相关的教育或训练活动，是有计划的职业发展历程。

职业生涯是有关工作经历的过程或结果，以及工作历程中所扮演的职业角色，有人生经历、生活道路和职业、专业、事业的含义。简言之，职业生涯是指一个人一生中所从事的工作以及所担任的职务、角色，同时也涉及其他非工作或非职业的活动和个人生活中衣食住行、娱乐各方面的活动与经验。

（二）职业生涯的特性

职业生涯和其他事物一样，有其自身的规律和特性，研究它可以更好地帮助我们进行职业生涯设计。从总体上看，职业生涯主要有以下几个特性。

1. 差异性

每个人都有自己的职业条件，有自己的职业选择，有为实现自己的职业理想所做的种种努力，从而有着与别人相区别的、独特的职业生涯历程。

2. 发展性

职业生涯是一个人一生连续不断的发展过程。跟随着时间的脚步，每个人都在这个阶段慢慢成长起来。

3. 互动性

职业生涯是个人与他人、个人与环境、个人与社会互动的结果。

4. 可规划性

虽然职业生涯的发展充满了各种偶然因素，但是从长远来看，职业生涯是可以规划的，职业生涯的可规划性恰恰表现在对这些偶然因素的把握上。

5. 整合性

由于个人所从事的工作或职业与生活之间有着密不可分的关系，所以职业生涯应具有整合性，涵盖人生整体发展的各个层面，而非仅仅局限于工作或职位。

（三）职业生涯规划的要素与相关原则

1. 职业生涯规划的要素

著名职业生涯规划专家罗双平曾用公式总结出了职业生涯规划的三大要素：

$$职业生涯规划=知己+知彼+抉择$$

其中，知己是对自身条件的充分认识和了解；知彼是对欲从事职业的环境、相关的组织等信息的有效掌握；抉择是在知己知彼的基础上确定符合现实、能充分发挥自己专长和强项、自己有浓厚兴趣并且与环境相适应的职业目标。

2. 职业生涯规划的相关原则

职业生涯规划的过程包括职业选择的过程。因此，在介绍职业生涯规划的原则时，有必要先了解职业选择原则。

1）职业选择的原则

职业选择的原则可以概括为十六个字：择己所爱、择己所长、择世所需、择己所利。

（1）择己所爱。调查表明，兴趣与成功概率有着明显的正相关性。在设计自己的职业生涯时，一定要考虑自己的兴趣，择己所爱，选择自己喜欢的职业。俗话说："兴趣是最好的老师。"兴趣是前进的动力和成功的基石。

（2）择己所长。不同的职业对从业者的要求不同。任何职业都要求从业者掌握一定的技能，具备一定的能力条件。一个人一生中不能将所有的技能都全部掌握，所以，必须在进行职业选择时择己所长，从事有利于发挥自己特长的职业。

（3）择世所需。社会在不断地发展变化，需求也在不断地发生变化。旧的需求在不断消失，新的需求在不断产生。例如，以前的磨刀、磨剪子、修锅盆的职业现在已经很少见，而逐渐兴起的心理咨询、职业规划、游戏开发、人工智能、大数据分析等职业已经被很多人看好。并不是一定要从事这种新兴的职业，但在选择职业时，一定要分析社会需求，择世所需，否则，很可能走到择业的死角。

（4）择己所利。每个人都不得不承认，职业是个人谋生的手段，是换取个人幸福与快乐的重要途径。在寻求个人的职业时，谋求个人幸福的生活成为人们的首要动机，这个动机支配着人们的职业选择。明智的人大都会权衡利弊，协调好各种利害关系，以寻求人生的幸福。

2）职业生涯规划的原则

（1）长期性原则。在人的一生中，职业生涯是漫长的，要想走好职业生涯的每一步，就要在职业生涯规划时从长远考虑，不能只顾眼前利益。如果只为了眼前利益，则往往会因为一棵树而失去整片森林。

（2）可行性原则。制定职业生涯规划，一定要考虑自己和外界的实际情况，这样的职业生涯规划才切实可行。职业生涯规划各阶段的路线划分、职业生涯目标和实现职业生涯目标的途径必须具体清晰，切实可行。这就要求做规划时必须考虑自己的特质、社会环境、组织环境以及其他相关的因素。

（3）弹性原则。弹性原则是指制定的职业生涯规划要具有缓冲性，可以根据实际情况的变化相应地做出调整。这里可调整的内容包括职业生涯规划的具体事项、目标、计划完成的时间等。

（4）清晰性原则。不管是职业生涯目标的选定、职业生涯路线的选择，还是实现职业生涯目标的各种措施，都要具有一定的清晰性，这样的职业生涯规划才切实有用，才会大大增加成功的可能性。

除上述四个原则之外，职业生涯规划的原则还有挑战性原则和一致性原则。挑战性原则，即制定的目标或措施要具有挑战性，能够激发自己的潜能。一致性原则，即总的大目标和小的分目标要一致，采取的措施和职业生涯规划的目标要一致，制定的目标与自己的实际情况要一致等。对自己所定的职业目标不能过高或过低，过高就会好高骛远，可能跌得很惨；过低则会埋没自己的潜能和才干。

二、职业生涯规划理论

职业生涯规划理论起源于 20 世纪初，从 20 世纪 50 年代起，学者提出了职业生涯规划这一新的概念。到目前为止，职业生涯规划发展迅速，已衍生出许多派系。以下介绍几种比较权威且适合大学生学习、应用的职业生涯规划理论。

（一）职业锚理论

职业锚是指当一个人做出职业选择时最难以舍弃的选择因素，也就是一个人选择和发展职业时所围绕的中心。职业锚是在进行职业生涯规划时必须考虑的要素。

1. 职业锚的类型

职业锚有八种类型，如图 1-1 所示。

图 1-1　职业锚的类型

1）职能型

职能型的人追求技术/职能领域的成长和技能的不断提高，以及应用这种技术/职能的机会。他们对自己的认可来自他们的专业水平，喜欢面对专业领域的挑战。他们通常不喜欢从事一般的管理工作，因为这意味着他们不得不放弃在技术/职能领域的成就。

2）管理型

管理型的人追求并致力于工作晋升，倾心于全面管理、独立负责一个部分，可以跨部门整合其他人的努力成果。他们想去承担整体的责任，并将公司的成功看成是自己的工作。具体的技术/职能工作仅仅被看作通向更高、更全面管理层的必经之路。

3）独立型

独立型的人希望随心所欲地安排自己的工作方式、工作习惯和生活方式，追求能施展个人能力的工作环境，最大限度地摆脱组织的限制和制约。他们宁愿放弃提升或工作发展机会，也不愿意放弃自由与独立。

4）稳定型

稳定型的人追求工作中的安全与稳定感。他们因为能够预测到稳定的将来而感到放松。他们关心财务安全，如退休金和退休计划。稳定感包括诚实、忠诚以及完成领导交代的工作。尽管有时他们可以提升到一个高的职位，但他们并不关心具体的职位和具体的工作内容。

5）创业型

创业型的人希望用自己的能力去创建一个属于自己的公司或创建一种完全属于自己的产品（或服务），而且敢于冒风险，并克服面临的障碍。他们想向社会证明公司是他们通过自己的努力创建的。他们可能正在别人的公司工作，但同时也在学习并寻找机会。一旦时机成熟，他们便会走出去创立自己的事业。

6）服务型

服务型的人一直追求他们认可的核心价值，如帮助他人、改善人们的安全、通过新的产品消除疾病等。他们一直追寻这种机会，这意味着即使调换公司，他们也不会接受不允许他们实现这种价值的变动或工作提升。

7）挑战型

挑战型的人喜欢解决那些较难解决的问题，战胜强劲的对手，克服较难克服的困难和障碍等。对他们而言，参加工作的原因是工作允许他们去战胜各种看似很难解决的问题。他们需要新奇、变化和困难，如果事情非常容易，他们则会马上变得厌烦。

8）生活型

生活型的人希望将生活的各个主要方面整合为一个整体，喜欢平衡个人的、家庭的和职业的需要，因此，生活型的人需要一个能够提供足够弹性的工作环境来实现这一目标。他们将成功定义得比职业成功更广泛。相对于具体的工作环境、工作内容，生活型的人更关注自己如何生活、在哪里居住、如何处理家庭事务等。

2. 职业锚的作用

当人们处于不得不做出某种重大选择的关口时，职业锚会揭示到底什么才是决定其职业取向的关键因素。对于大学生来说，职业锚理论在职业生涯规划和就业选择过程中也有非常积极的作用。

1）帮助认识自我

认识自我的方法有很多，如职业测试等。寻找并确定职业锚，实际上也是个人自我认知的过程——认识自己具有什么样的能力、才干，自己最需要的是什么，职业价值观是什么，通过不断反省和整合以达到自己职业生涯的最佳状态。

2）确定职业目标

大学生在进行职业生涯规划时，可以通过分析自己的职业锚，确定自己的职业方向，对自己今后的职业发展道路进行有针对性的设计和准备，并通过参加相应的培训、学习、实践，为职业生涯的成功奠定基础。

3）选择毕业方向

大学生完成学业后，会面临多种选择：是继续深造还是直接就业？是在大型企业就业还是在中小企业就业？是先求立足再求发展，还是先赚钱？运用职业锚的理论和观点，我们能够逐步明确自己最希望得到的东西，从而确定自己近一段时期内的奋斗目标。

　　职业锚实际上是一个人内心中能力、动机、需要、价值观和态度等相互作用和逐步整合的结果。在实际工作中，人们需要通过不断审视自我，逐步明确个人的需要与价值观，明确自己擅长所在及今后发展的重点，最终在潜意识里找到自己长期稳定的职业定位——职业锚。

（二）生涯发展理论

　　舒伯（Super）的生涯发展理论有国际化的视角，已经广泛应用于各国的各类学校和社会机构。作为生涯辅导大师，舒伯首次提出了职业生涯的概念，生涯发展理论的提出是生涯辅导发展史上的分水岭，实现了从职业指导到职业生涯辅导的转变。他建构了一套完整的生涯发展理论，其理论观点是现今生涯辅导的重要理论基础。

　　舒伯根据"生涯发展形态研究"的结果，参照布勒（Bueller）的分类，将生涯发展阶段划分为成长、探索、建立、维持与衰退五个阶段，具体分述如下。

　　（1）成长阶段：0～14岁。在该阶段，个体开始发展自我概念，并以各种不同的方式来表达自己的需要，且经过对现实世界的不断尝试来修饰自己的角色。

　　这个生涯发展阶段的任务是：发展自我形象，发展对工作世界的正确态度并了解工作的意义。这个阶段共包括三个时期：一是幻想期（4～10岁），以"需要"为主要考虑因素，在这个时期，幻想中的角色扮演很重要；二是兴趣期（11～12岁），以"喜好"为主要考虑因素，喜好是个体抱负与活动的主要决定因素；三是能力期（13～14岁），以"能力"为主要考虑因素，能力逐渐具有重要作用。

　　（2）探索阶段：15～24岁。在该阶段，个体通过学校活动、社团活动、兼职等机会，对自我能力、角色及职业做了一番探索，因此选择职业时有较大弹性。

　　这个生涯发展阶段的任务是：使职业偏好逐渐具体化、特定化并实现职业偏好。这个阶段共包括三个时期：一是试探期（15～17岁），考虑需要、兴趣、能力及机会，做暂时的决定，并在幻想、讨论、课业及工作中加以尝试；二是过渡期（18～21岁），进入就业市场或专业训练，更重视现实，并力图实现自我观念，将一般性的选择转为特定的选择；三是试验并稍做承诺期（22～24岁），生涯初步确定并试验其成为长期职业生活的可能性，若不适合则可能再经历上述各时期以确定方向。

　　（3）建立阶段：25～44岁。由于经过上一阶段的尝试，较合适者会谋求变迁或做其他探索，因此该阶段较能确定在整个职业生涯中属于自己的"位子"，并在31～40岁开始考虑如何保住这个"位子"并固定下来。

　　这个生涯阶段发展的任务是稳固并求上进。这个阶段又可细分为两个时期：一是试验—承诺稳定期（25～30岁），个体寻求安定，也可能因生活或工作上的若干变动而尚未感到满意；二是建立期（31～44岁），个体致力于工作上的稳固，大部分人处于最具创意时期，由于资深往往业绩优良。

　　（4）维持阶段：45～65岁。个体仍希望继续维持属于他的工作"位子"，同时会面对新的人员的挑战。这一阶段的任务是维持既有成就与地位。

　　（5）衰退阶段：65岁以上。由于生理及心理机能日渐衰退，个体不得不面对现实，从积极参与到隐退。这一阶段往往注重发展新的角色，寻求不同方式以替代和满足需求。

在舒伯的生涯发展阶段中，每一阶段都有一些特定的发展任务需要完成，每一阶段都需要达到一定的发展水准或成就水准，而且前一阶段发展任务的达成与否关系到后一阶段的发展。

舒伯是生涯辅导理论大师，其生涯发展理论综合了差异心理学、发展心理学、自我心理学以及有关职业行为发展方向的长期研究成果。舒伯本人比较喜欢将其理论命名为"差异—发展—社会—现象的心理学"，他汲取了这四大学术领域中有关生涯发展的精华，指导了目前生涯辅导的具体实施，得到了各国生涯辅导界的普遍支持。

舒伯还在不断地发展与完善自己的理论。以往舒伯的理论大多局限于他的发展阶段和对职业的自我观念论上，这些可以解释个体一生的生涯发展，其涵盖范围很广，但深度略显不够，而他提出的生活广度与生活空间的生涯发展——生涯彩虹图，正好弥补了原有的不足。在实际应用方面，其横向的发展阶段、发展任务（即生活广度的部分）和纵向的生涯角色的发展（即生活空间的部分），交织成一个具体的生涯发展结构，这对辅导时促进个体的自我了解、自我实现有很大裨益。

舒伯非常注重其理论研究的实际应用。他在其理论基础上形成了生涯辅导策略，对实践中的生涯评估、辅导措施以及指导方式和方法有很大的指导意义。他在其职业生涯晚期专门从事其生涯发展理论的应用。特别是舒伯和他的同事发展了评估工具去测量职业生涯决策的准备（职业生涯发展量表），关注职业生涯发展任务（成人生涯关注量表）、显著生活角色（显著性量表）和价值（价值量表）。这些评估工具组成了生涯发展评估和辅导模式的核心。这些评估工具大多数已被国际研究工作所采用，有深远的国际影响。

由于社会的快速变迁、终身学习观念的提出以及人的寿命的增加，职业生涯规划发展理论中关于中年期、老年期的角色与任务，有待进一步的研究，否则理论会欠完整。而且生涯发展论似乎较忽略经济、社会因素对生涯发展方向的影响，且学习的因素与职业发展历程的关系也须进一步深入研究。

（三）社会认知理论

社会认知理论是 20 世纪 70 年代末班杜拉提出的教育理论，90 年代得到迅猛发展；在传统的行为主义人格理论中加入了认知成分，形成了自己的社会认知理论。

社会认知理论是社会心理学的重要理论之一，它是一种用来解释社会学习过程的理论，社会认知理论家们将个体描绘为积极地处理事件和发展关于强化期望的人，而不是作为根据以前行为强化期望的人。关于行为强化的个体期望，比这个行为以前是否受到过强化更为重要。此外，该理论认为强化历史对个体的认知没有直接的作用，相反，它是通过个人的记忆、解释和偏见筛选出来的。

1.　三元交互决定论

行为到底是由外部力量决定的还是由内部力量决定的，长期以来存在两种决定论：个人决定论和环境决定论。个人决定论强调人的内部心理因素对行为的调节和控制，环境决定论强调外部环境因素对行为的控制。心理学家班杜拉在批判前人的基础上提出自己的理论，他的理论在于探讨环境、人及其行为之间动态的相互决定关系，将环境因素、行为、人的主体因素三者看成是相互独立同时又相互作用从而相互决定的理论实体。其中,人的主体因素包括行为主体的生理反应能力、认知能力等身心机能。所谓交互决定,是指环境、行为、人三者之间互为因果,每二者之间都具有双向的互动和决定关系。

在三元交互决定论中,人的主体要素(如信念、动机等)往往强有力地支配并引导其行为,行为及其结果反过来又影响并最终决定思维的内容与形式以及行为主体的情绪反应;个体可以通过自己的主体特征(如性格、社会角色等)引起或激活不同的环境反应;行为作为人与环境之间的中介,是人用以改变环境,使之适合人的需要而达到生存的目的并改善人与环境之间的适应关系的手段,而它不仅受人的需要支配,同时也受环境的现实条件的制约。

2. 观察学习

班杜拉认为,观察学习,亦称替代学习,是指一个人通过观察他人的行为及其强化结果习得某些新的反应,或使他已经具有的某种行为反应特征得到矫正。班杜拉按信息加工的模式对观察学习进行了分析,认为观察学习是由四个相互关联的子过程组成的,即注意过程、保持过程、产出过程、动机过程。第一个过程是注意过程,指的是在观察时将心理资源开通的过程,它决定着观察者选择什么样的示范原型。第二个过程是对示范活动的保持,要对示范活动进行保持就必须以符号的形式把它表象化,从而保留在记忆中。观察学习主要依存于两个表象系统:表象和言语。其中,言语编码较之视觉表象在观察学习时更具有确定性。第三个过程是产出过程,也就是把符号表象转换成物理形式的外显行为的过程。最后一个过程是动机过程,是观察者在特定的情境条件下由于某种诱因的作用而表现示范行为的过程。总之,观察学习只有在这四个过程都完成的基础上才能实现。

3. 自我效能感

自我效能感是个体对自己与环境发生相互作用效验性的一种自我判断。自我效能感强的人能对新的问题产生兴趣并全力投入其中,能不断努力去战胜困难,而且在这个过程中自我效能也将会不断地得到强化与提高;相反,自我效能感差的人总是怀疑自己什么都做不好,遇到困难时一味地畏缩和逃避。

班杜拉认为,个体在活动中是通过四个方面的信息来获得或形成自我效能感的。

(1)实践成败经验。实践成败经验即个体对自己在实际活动过程中所取得的成就水平的感知,成功经验增强其自我效能感,失败经验降低其自我效能感。

(2)替代性经验。替代性经验的效能信息,是指看到能力等人格特征和与自己相似的他人,在活动中取得了成功的结果,能够使观察者相信当自己处于类似活动情境时也能获得同样的成功,从而提高观察者的自我效能感。

(3)言语的劝导。言语的劝导是指接受别人认为自己具有执行某一任务的能力的语言鼓励而相信自己的效能。值得注意的是,说服性的言语必须实事求是,能调动个体的积极性。那些虚幻的、华而不实的劝导会适得其反。

(4)身心状态。身心状态会影响自我效能的水平。个体在追求目标时,自我效能通过生理唤起来影响行为改变。乐观积极的自我肯定信念能创造积极情感，消极情绪会产生挫败感，所以要变消极情绪为积极情绪。

由此可以看到，自我效能是可以通过个体在社会环境中来培养的，所以在思想政治教育学习中要注重引导受教育者直面困难而不是逃避，在一次次迎难而上中来证明自己的坚强，使自己的自我效能得到强化。

（四）明尼苏达工作适应理论

明尼苏达工作适应理论是起源于明尼苏达大学，由洛夫奎斯特和戴维斯等于 20 世纪 60 年代提出的强调人境符合的心理学理论，简单来说就是只有当工作环境能满足个人的需求（内在满意），个人也能满足工作的技能要求（外在满意）时，个人才能在该工作领域得到持久发展。

明尼苏达工作适应理论认为，选择职业或生涯发展固然重要，但就业后的适应问题更值得注意，尤其对障碍者而言，在工作上能否持续稳定，对其生活、信心与未来发展来说都是重要的课题。基于此种考虑，洛夫奎斯特和戴维斯等从工作适应的角度分析适应良好与否的因素。他们认为每个人都会努力寻求个人与环境之间的符合性，当工作环境能满足个人的需求，又能顺利完成工作上的要求，符合程度随之提高。不过个人与工作之间存在互动的关系，符合与否是互动过程的产物，个人的需求会变，工作的要求也会随时间或经济情况而调整，如果个人能努力维持其与工作环境间一致的关系，个人工作满意度就高，在这个工作领域也就能持久。

事实上，明尼苏达工作适应理论仍属于特质论的范畴，不过已将其重点扩及个人在工作情境中的适应问题，强调就业后个人需求的满足，同时亦考虑能否达成工作环境的要求。

在辅导规划实践和辅导工作方面，明尼苏达工作适应理论所提供的概念对各类就业问题及不同的辅导对象均有其应用价值。以对象而言，已就业者、未就业者、考虑转业者、退休人员、残障人、复健者等，均可以使用明尼苏达重要性问卷、职业性向量表、明尼苏达满意度问卷、明尼苏达满意指针量表及职业增强组型量表等，视当事人情况选择适合的工具，以增进当事人对自我及环境的探索。

三、职业生涯规划的意义

职业生涯规划可帮助个人对自我进行全面透彻的分析，从而更加深刻地认识自己的性格特点、职业兴趣、职业价值和所具备的能力与潜力。在探索与认识职业世界的过程中，要评估自己的优势与劣势，通过对客观环境的分析，明确个人职业发展的方向，正确选择职业目标；实施有效的行动计划，并克服职业生涯发展中的困难，一步步达成目标，进而实现人生理想。大学生通过职业生涯规划的训练，可避免在校学习和实践的盲目性与被动性，更加有目标、有计划地完成知识的积累与能力的锻炼，少走弯路，节省时间和精力。职业生涯规划技术可帮助大学生更加清晰客观地了解自己，看到自身与社会要求的差距，激发他们学习、实践和不断进取的愿望。因此在大学阶段进行职业生涯规划对大学生未来职业发展与个人成长有着重大的意义。

（一）促进职业生涯的良性发展

职业生涯是一个发展的概念。舒伯从人的终身发展这一角度出发，把人的职业生涯发展分为成长、探索、建立、维持和衰退五个阶段。在不同的生命周期，职业生涯规划有不同的阶段，每个阶段的规划内容和重点也有所区别，但是各个阶段的职业生涯规划又是连续的、互相影响的，从而形成贯穿人生发展始终的完整的职业生涯规划过程。

大学生的年龄阶段正处于职业生涯发展的探索时期。大学时期的职业定位是否准确、职业能力是否得到提高，对于大学生今后的职业生涯能否顺利进行至关重要。大学生应当积极将在校期间的职业生涯规划纳入自己一生的职业生涯发展过程中，通过大学阶段成功的职业规划推动今后的职业生涯良性发展。

（二）有助于大学生知识和经验的积累

职业生涯规划能够帮助大学生成功积累人生发展的必备资源。这些资源主要包括健康的身体、优良的思想道德品质、合理的知识结构、协调的人际关系以及良好的社会适应能力等。大学生就业时往往在时间、实力和经验方面准备不足。

1. 时间准备不足

误认为工作从大三开始准备就可以了。其实对社会的认识、资料的搜集、能力的提高需要提早做准备。

2. 实力不足

误认为看得见的准备（如证书、成绩单）比看不见的素质重要，其实用人单位更看重的是个人长期积累的素质，如合作意识、沟通能力、自我认知能力等。

3. 经验准备不足

误认为有一些社会实践的背景就可以帮助自己找工作。其实经验的获取是需要一段时间反复进行的，个别时间的尝试并不表示个人拥有了有价值的经验。

知识和经验的积累是人生成功的关键，这是一个不断学习、挖掘、积累的过程。大学期间正是大学生知识学习和能力培养的关键时期。

职业生涯规划能够培养大学生对这些资源的驾驭能力。例如，通过对职业尝试性的定位与选择，反思自己的人生理想和人生态度；通过对个人的评估以及对职业形势的分析，培养自己有选择、有目的地完善知识结构的能力；通过参加各种各样的实践活动，锻炼自己的综合协调能力，培养自己在未来人生发展中的分析能力、观察能力以及创造能力等。

（三）有助于大学生成功实现人生价值

尽早进行职业生涯规划是大学生实现人生价值的有效途径。

1. 选择合适的职业，为大学生提供自我实现的舞台

大学生最终将走向社会，只有在社会中寻找和争取到适合自己的位置、最能发挥自己才华的职业，才能充分获得竞争优势，从而充分发挥自身潜能，实现自我价值。

2. 不断改进职业生涯规划，促使大学生取得更大的成功

大学生对自己的认识在不断深化，自身的素质也在不断提高，同时社会在不断发展进步，科技、信息技术快速发展，职业环境也在时刻变化。这种变化和发展要求大学生在职业生涯规划过程中不断对自我定位及职业定位进行合理的调整，从而使自己在职业选择中少一点挫折、多一点成功，科学规划和管理自己的职业生涯，使自我发展与国家需要、社会发展相一致，实现人生价值。

（四）有助于提升大学生的职业生涯管理技能

学习职业生涯规划课程，有助于大学生学习一些职业生涯规划、职业生涯决策的技能，树立正确的择业观，以便有效地规划并管理在职业生涯过程中将会经历的各个阶段。能够有效组织并实施其职业生涯规划的大学生一般应拥有以下几项重要技能。

（1）自我评估能力。了解自己的人格特质、兴趣、价值和能力所在。

（2）职业探索能力。了解职业世界的组织方式，能够搜集与评估职业生涯的信息。

（3）生涯决策能力。运用决策方法，结合自我评估和职业环境分析进行职业生涯决策。

（4）提高就业能力。能够利用几种策略或方法进行正确的职业定位并顺利就业。

（5）主动适应工作能力。大学毕业生走出大学校门，首先要学会的事情，就是一切从头开始，把过去的荣誉和成绩全都归零，这样才能在职场中接受新的东西并主动学习，才能以良好的心态积极适应社会和组织文化，才能使自己在工作中不断进步。

【学习感悟】

职业生涯规划是一个系统工程，主要取决于两个方面：一是社会发展的客观需要（即社会职业现实的需要）；二是自身实际、自身发展的内在需要。大学生可以通过对个人的分析，更加清晰地认识自己，了解自己，评估自己，解读自己的职业性格，找出差距，明确奋斗方向，也可以在"衡外情，量己力"和"知己，知彼"的基础上，运用科学的发展观与方法论，采取切实可行的职业生涯措施，找到符合自身特点而又合理可行的职业生涯发展方向，克服职业生涯发展中的困难，吸取毕业生的成功经验，珍惜机会，提早准备，实现职业目标。

【自我训练】

经过高考，学生们来到了大学。高中学习的目标似乎就是考上大学，这个目标曾经激励着学生们为之刻苦努力地学习。如今，这个目标已经成为过去，面对未来，学生们需要有新的目标来指引自己前进。请认真思考：你为什么要上大学？在大学里，你要实

现的目标有:

①_____

②_____

③_____

以下问题可以帮助你重新探索自己的人生理想与目标:

很小很小的时候,我的理想是_____

小学,我的理想是_____

初中,我的理想是_____

高中,我的理想是_____

现在,我的理想是_____

以上这些理想的共同之处是_____

认真分析上大学的初始目标和理想的自我探索是否有交集,请牢牢地把交集记在心里,这是为之努力的初心所在。

通过以上思考与分析,我发现:_____

基于现实,我实现理想的具体计划:_____

在理想实现的过程中,我希望获得的支持:_____

【价值引领】

求真务实,笃行致远。崇尚实干,增强实干能力,以实干立身,以实干立行,把实干精神融入学习细节,用实干精神激发学习活力,在实干中锤炼过硬的学习作风,在实干中凝聚奋进的磅礴力量。严实作风,谦虚、谨慎、不骄、不躁,一步一个脚印,勤勤恳恳做事,踏踏实实做人,把抓责任、抓落实、见实效作为基本的学习方法,用一丝不苟的态度、脚踏实地的学习作风和尽职尽责的工作理念完成好各项学习任务,用实干的脚步和过硬的本领创造优异的成绩。

【生涯计划】

对高职院校毕业生就业状况进行调研,谈谈你调研后的结论和感想,从而明确自己的就业目标,树立正确的学习观。

_____

_____

_____

_____

_____

_____

_____

第二章　重视自我定位 抓住生涯发展关键

第一节　性格探索

一、性格的基本内涵

有句话说得好，"性格决定命运"。在面临事业和人生的重大抉择时，性格起着举足轻重的作用。了解性格是打开自己和他人内心大门的一把钥匙，是促进大学生合理规划职业道路的前提。

"性格"一词最初是由古希腊哲学家提奥夫拉斯塔提出的，它在希腊文中的意思是"模型""特征""标志""痕迹"等，后来引申为"标记""属性"。在心理学中，性格是指一个人对客观现实的稳定态度和与之相适应的习惯化的行为方式。性格在人的个性特征中占有重要地位，人与人的个性差异首先表现在性格上，通常我们提到一个人的个性时，主要就是指其性格。所以性格是个性的主要组成部分。性格的形成是一个长期、复杂的过程，不但受遗传因素的影响，更是一个人生活环境、生活经历的反映。个体的生理特征、家庭环境、学校教育、文化传统等都是影响性格的因素。性格主要通过以下几个方面表现出来。

（一）通过各种态度表现出来

例如，对待同学、班级、学校的态度，包括是否善于人际交往、人际关系的亲疏、忠诚或虚伪、同情或冷漠等；又如，对待学习、劳动、工作、任务的态度，包括勤劳或懒惰、认真或马虎、细致或粗心、富有首创精神或墨守成规、节约或浪费等；再如，对待自己的态度，包括谦虚或骄傲、自信或自卑等。

（二）通过意志表现出来

例如，行为是否具有独立性、目的性、组织性、纪律性、冲动性、盲目性、散漫性等；又如，遇到困难时是否镇定、果断、勇敢、坚强等；再如，对待工作是否有恒心、有毅力等。

（三）通过情绪表现出来

例如，情绪感染和支配程度、情绪起伏和波动程度、情绪持久或短暂等；又如，心境的稳定程度。

（四）通过心理表现出来

例如，认识是否易受环境干扰、是否注意细节、是否善于概括、能否进行持续性认识、判断是否敏锐而精细等；又如，是否善于想象、是否善于提出问题或喜欢借用现成答案、是否爱好分析或爱好综合等。

【学习感悟】

性格和人格区别

性格是人们对现实的稳定的态度和习惯化行为方式的总和，表现为个体独特的心理特征。人们经过无数论证，发现先天因素与后天因素共同决定人的性格，除了遗传，0～6 岁关键期的成长环境对性格的形成和影响尤其重要。

人格是个人性格、气质、能力等特征的综合，也是在某种社会文化背景下，大家普遍推崇的综合素养。人格是相对稳定的一种形态，是人们为了更好地适应环境而不断表现出来的行为方式，受遗传、性格、后天环境等各种复杂因素影响。

【案例分享】

某理工学院计算机应用专业的小李通过网上投递简历，参加了上海的一家信息公司的面试，在 20 名应聘者中他成功地成为被录用的 4 个人中的一个。他的学校名不见经传，他又没有工作经验，而另外 3 名试用者均来自名校。笔试时 7 道理论题他答错了 3 道，但面试时他的一句话打动了面试人员的心。他说："我性格外向，人际沟通能力强，团队合作意识强，请给我这个机会，我会让你们满意的。"随后他被公司告知试用 15 天。

该公司在开发一个投资很大、前景很好的项目，小李被分到编程组。他在进入公司的第五天，就发现由于编程组和页面组的人都各自埋头苦干，互相缺少沟通和交流，往往在工作衔接上出现很多问题，导致返工和一些不必要的矛盾，老板也为此很生气。小李的编程能力并非很强，他除了加班加点按时完成老板分给自己的任务外，还主动与负责页面组的成员沟通，注意双方工作内容的衔接问题。另几名试用者虽然编程能力比小李强，但因为性格因素，他们在工作时明显表现出消极、被动和固执的特点。后来只有小李在试用期后被留了下来。随着小李和同事、老板的沟通与交流增多，同事对小李的信任度逐步加深，老板也很赏识他，小李不仅涨了薪，还被任命为项目经理。

大学生在择业时，如果善于利用自己的性格优势，扬长避短，加上自信和敬业，就可以很好地发挥自己的主观能动性，从而获得用人单位的认可。

二、性格与职业选择

有人说，一个人的职业选择是其人格在工作中的延伸。由此可见，性格是影响一个人的核心因素，它是一个人的人格特征，而这种特征也影响了一个人将选择什么样的工作。

性格对职业选择的影响，可从如下几个方面来认识。

（一）性格是人格中的核心部分

性格是个体人格中具有核心意义的部分，几乎涉及一个人的心理过程及个性特征的各个方面，与职业息息相关。性格使一个人更加偏爱某种特定的环境。由于性格的不同，不同的人在对相同环境的认知过程中，也会表现出一定的差异。从事与自己的性格不匹配的工作，个人的才能会受到阻碍，会让人觉得整个工作状态都很不对劲。个人性格可能使一个人在某种职业中获得成功，也可能使其在另一种职业中大受挫折。因此，在职业选择中，我们应尽可能多地考虑自己的个性特征是否与职业要求相适应，这样，在工作中就能够保持工作热情，发挥自身特有的能力，还能利用自身的个人资本体验到更多的快乐。

（二）性格对职业发展十分重要

现在用人单位在选拔人才上已逐渐认识到性格和能力都很重要。如果能力不足，可通过培训培养和提高。但如果个人的性格与职业或岗位不吻合，要改变起来，可就困难了。所以，用人单位在招聘时，通常将性格的测试放在首位，当性格与职业或岗位吻合了，才对其能力进行测验考查。如果性格与职业或岗位不吻合，学历和能力的高低，便不再是录用与否的首要因素。

（三）性格无关好坏

性格无所谓好坏，每一类性格都有与之相适应的职业范围。职业心理学的研究表明，不同的职业需要不同性格的从业者，某一类职业工作能够体现出某一类共同的职业性格。因此，在进行职业生涯规划时，性格通常是重要因素。

认识自己的性格有利于反省自己，提高自己的性格修养，使得自己更加适应职位，改善人际关系。因为每个人的性格都有积极和消极两个方面。根据木桶原理，一个木桶中水面的高低取决于木桶壁上最短的那块木板。所以，对人而言就是每个人的短处也会限制他的发展，需要扬长避短。如果想取得职业的成功，首先要理解、认清自己的性格偏好；其次是明确在哪种环境下工作能最大限度地发挥自己的个性优势。

【案例分享】

小张是化学研究所的一名很有前途的专职研究人员，他曾是某大学教师。

小张善于思考，喜静不喜动，语言表达能力差。他研究生毕业后从事教师工作。尽管他很有学问，也很爱学生，但他一走上讲台就打战，满肚子的学问讲不出来，学生意见很大。后来他应聘到研究所工作，在这个工作岗位上，他取得了显著的成绩。

由此可见，一个人的性格在择业过程中，有着不可低估的作用。大学生应该通过一定的途径，了解自己的性格类型，从而寻找一份"人职匹配"的工作。

三、探索个人的性格

人的性格分为很多类型，不同的心理学家按照一定的原则对性格进行分类，形成了各种各样的性格类型理论，并将性格与职业定位关联起来。

（一）荣格的人格类型理论

在众多性格类型理论中，较为基础、直观的是瑞士心理学家荣格的人格类型理论。在荣格的人格类型理论中，性格有两种基本的心理态度：内倾（introversion，I）与外倾（extroversion，E）。前者向内思索，思考自身；后者向外探求，靠近客观世界。内倾与外倾，也是我们每个人适应生活的基本心理模式。任何人都可以在不同程度上被归入其中一种类型。

荣格开创性地提出了内倾与外倾的概念之后，又提出了用四种心理功能作为标准，采取感觉（sensing，S）/直觉（intuition，N）（非理性功能）和思维（thinking，T）/情感（feeling，F）（理性功能）两个维度的划分方法，将个体进一步划分为八种类型，见表 2-1。

表 2-1　荣格的人格类型理论

类型	描述
内倾感觉型	内倾感觉型的个体远离外部客观世界，常常沉浸在自己的主观感觉世界之中。他们对于偶发事件的选择是非理性的，深受自己心理状态的影响，艺术性较强
外倾感觉型	外倾感觉型的个体头脑清醒，对陌生事物不会进行刨根问底，倾向于累积社会经验。他们一般情感是浅薄的，直觉是压抑的
内倾直觉型	内倾直觉型的个体不关心外界事物，沉浸于自我的幻想世界，不切实际、不务实。他们一般通过主观的幻想来指导直觉和自己未来的行为
外倾直觉型	外倾直觉型的个体力图从外界中发现各种可能性，善于挖掘事物的多种可能性，对新兴事物有敏锐的洞察力和观察力，可以成为新事业的发起人，但往往不能坚持到底
内倾思维型	内倾思维型的个体受到理念的决定性影响，但是这些理念并非来自客观事件，而是源于其主观判断。他们情感压抑，具有冷漠、固执和骄傲等人格特点
外倾思维型	外倾思维型的个体的思想特点是一定要以客观资料为依据，以外界信息激发自己的思想过程。他们情感压抑，缺乏鲜明的个性，甚至表现为冷淡和傲慢等人格特点
内倾情感型	内倾情感型的个体大多沉默寡言，难以接近，多将自己的情绪、思维深藏心底，呈现出一种内敛的特质
外倾情感型	外倾情感型的个体的情感与客观环境和普遍的价值观保持一致。他们乐于表达情感，但是将情绪隐藏心底，追求和谐

荣格的人格类型理论已广泛地应用到教育、管理、医学和职业选择等领域。一般而言，内倾型的个体较适合从事有计划的、稳定的、不需要与人过多交往的职业，如自然科学家、技术人员、会计师、打字员、程序设计员、统计员、资料管理人员、一般事务性工作人员等；外倾型的个体较适合从事与外界广泛接触的职业，如管理人员、律师、推销员、警察、记者、教师、人力资源工作者等。

（二）MBTI 性格类型基本理论

迈尔斯-布里格斯类型指标（Myers-Briggs type indicator，MBTI）性格测试是在荣格的人格类型理论基础上，由美国一对心理学家母女凯瑟琳·库克·布里格斯（Katherine Cook Briggs）和伊莎贝尔·布里格斯·迈尔斯（Isabel Briggs Myers）研究出的心理测评工具。

1. MBTI 的性格类型维度解析

MBTI 性格类型理论在荣格的两种态度类型和四种功能类型的基础上，增加了判断（judgement，J）和知觉（perception，P）两种功能类型，从而将性格类型分为四个维度（表 2-2），每个维度包含两种性格偏好，具体如下。

表 2-2　MBTI 性格类型理论对不同性格偏好的性格特征描述

性格偏好	性格特征
外向型（E）	关注外部世界的人和事，喜欢与人交往，通过与人交往和在行动中保持活力。喜欢谈话，通过交谈形成自己的意见，善于表达，兴趣广泛，在工作中积极主动，先行动，后思考
内向型（I）	从内心世界获取能量，自省、安静而显得内向，兴趣专注，注重自己的内心体验。通过思考形成自己的意见，当情境与事件对他们有重要意义时会变得主动，其他情况下显得被动，先思考，后行动
感觉型（S）	通过感觉器官获取信息，如看到的、听到的、尝到的、触摸到的事物。习惯于注意那些确实已出现的信息，对于周围发生的事件观察入微，相信自己的经验，通过详细的推理一步步得出结论
直觉型（N）	通过想象和直觉来获取信息，习惯注意整个事件的全貌与内在联系，忽略细节，善于看到新的可能性，靠直觉得出结论，相信自己的灵感
思维型（T）	重视事物之间的逻辑关系，喜欢通过客观分析做决策。爱讲理，理智、公正，认为圆通比坦率更重要
情感型（F）	以自己和他人的感受为重，考虑行为对他人情感的影响，将自己的价值观作为判定标准。善解人意，有同情心，认为圆通和坦率同样重要
判断型（J）	希望生活井然有序、按部就班，喜欢组织和管理自己的生活，按计划行事，凡事讲求结果，不喜欢计划变更带来的压力
知觉型（P）	喜欢宽松自由的生活方式，不愿被过于详细的计划束缚，注重事件发生的过程和意义，不喜欢把事情过早地确定下来，当出现新的情况时可改变目标

注：圆通指委婉的交流。

（1）"外向型（E）-内向型（I）"维度表示关注信息的来源和获取能量的来源是外部世界还是内心世界。

（2）"感觉型（S）-直觉型（N）"维度表示接收信息的方式是凭感官还是靠直觉。

（3）"思维型（T）-情感型（F）"维度表示做决策是依据逻辑还是依据价值观和情绪。

（4）"判断型（J）-知觉型（P）"维度表示行动方式是有组织的还是随意的。

MBTI 的四个性格类型维度下，不同性格偏好的性格特征描述不一样。

在 MBTI 性格类型理论中，每个性格类型维度上，一个人只能有一种性格偏好。如果一个人的性格偏好是内向型的就不可能是外向型的，是感觉型的就不可能是直觉型的。但是这并不代表内向型的个体就没有丝毫外向型的性格特征，也不代表感觉型的个体就没有丝毫直觉型的性格特征。例如，一个内向腼腆的人，面对自己热爱的事物时，也会表现出自己性格中热情开朗的一面；一个绝大多数时候通过感觉器官获取信息的人，有时候也会靠想象获取信息。

2. MBTI 的十六种性格类型解析

在 MBTI 性格类型理论中，性格类型的四个维度，以及每个维度的两种性格偏好，它们彼此结合构成了十六种性格类型。十六种性格类型的性格特征、适应的职业特点和适应的职业领域如下。

1）ISTJ 型（内向、感觉、思维、判断型）

性格特征：安静、严肃，通过全面性与可靠性分析获得成功；有责任心，决定有逻辑性，并一步步地朝着目标前进，不易分心；喜欢将工作、家庭和生活都安排得井井有条。

适应的职业特点：技术型的工作，踏实从事产品的生产或提供严谨周详的服务。有独立工作的环境和充实的时间让自己独立、专注地工作。

适应的职业领域：商业、金融、技术、医务、行政管理等。

2）ISFJ 型（内向、感觉、情感、判断型）

性格特征：安静、友好，有责任感和良知，坚定地致力于完成自己的义务；注重他人的感受；努力把工作和家庭环境营造得有序而温馨。

适应的职业特点：需要严谨、细心、精确度高的工作，希望个人贡献能得到承认。

适应的职业领域：医务、教育、服务业等。

3）INFJ 型（内向、直觉、情感、判断型）

性格特征：对人有很强的洞察力；忠诚、有责任心，坚持自己的价值观；在对目标的实现过程中有计划且果断坚定，通常在认真思考之后行动。

适应的职业特点：创新型工作，喜欢生产或提供一种自己能感到自豪的产品或服务，从事的工作需要符合个人的价值观。

适应的职业领域：咨询服务、教育、艺术等。

4）INTJ 型（内向、直觉、思维、判断型）

性格特征：在实现自己的想法和目标时有创新的想法和非凡的动力。

适应的职业特点：能创造开发新颖的解决方案来解决问题或改进现有的系统，有独立的工作环境，以及专业知识水平和能力较高的合作团队。

适应的职业领域：科研、科技应用、技术咨询、管理咨询、金融、投资等。

5）ISTP 型（内向、感觉、思维、知觉型）

性格特征：灵活、忍耐力强，安静地观察，一旦有问题发生，就会立即行动，找到实用的解决方法，通过客观分析处理问题，务实、重视效率。

适应的职业特点：能够有效利用机械或工具等资源的工作，工作有趣，充满活力，独立性强，而且有机会走出工作室到户外工作。

适应的职业领域：技术、证券、金融、户外、运动、艺术等。

6）ISFP 型（内向、感觉、情感、知觉型）

性格特征：安静、友好、敏感、和善，喜欢有自己的空间，喜欢按照自己的时间表工作；有耐心、有责任心，能屈能伸；不喜欢争论和冲突，不会将自己的观念和价值观强加到别人身上。

适应的职业特点：工作符合个人的价值观，没有繁文缛节或一些僵化程序的约束，希望有独立工作的自由。

适应的职业领域：手工艺、艺术、医务、商业、心理保健等。

7）INFP 型（内向、直觉、情感、知觉型）

性格特征：理想主义者，希望外部的生活和自己内心的价值观相统一；好奇心重，能很快看出事情的可能性，能够加速想法的实现；善解人意并乐于帮助他人开发潜能；适应力强，善于接受，除非是有悖于自己的价值观的事物。

适应的职业特点：符合个人价值观的、能通过工作陈述自己远见的行业，工作环境需要有灵活的架构，便于自己从事各种项目、发挥个人的独创性。

适应的职业领域：创作型行业、艺术、教育、研究、咨询服务等。

8）INTP 型（内向、直觉、思维、知觉型）

适应的职业特点：没有条条框框的约束，专心负责某创造性流程，而不是最终的产品。

性格特征：内向、灵活、适应力强；喜欢理论性和抽象的事物，热衷于思考而非社交活动；对于自己感兴趣的领域有超凡的精力与深度解决问题的能力。

适应的职业领域：计算机技术、理论研究、学术、创造性领域等。

9）ESTP 型（外向、感觉、思维、知觉型）

性格特征：灵活、忍耐力强，为人实际，注重结果；觉得理论和抽象的解释非常无趣，喜欢采取积极的行动解决问题；注重当下，心胸豁达，享受和他人在一起的时刻；认为学习新事物最有效的方式是亲身感受和练习。

适应的职业特点：喜欢能够随意与人交流的工作，工作中希望有一定的自主性。

适应的职业领域：商业、贸易、服务业、熟练工种、娱乐、体育、法务等。

10）ESFP 型（外向、感觉、情感、知觉型）

性格特征：外向、友好，热爱生活；能够协同工作；在工作中注重实用性，并把工作做得有趣，能够尽快适应新的事物；乐于学习新事物并且能够同他人一起学习。

适应的职业特点：直接与客户打交道，在各种项目或活动中能发挥自己的审美趣味。

适应的职业领域：健康护理、教育、公共服务、商业、旅游业等。

11）ENFP 型（外向、直觉、情感、知觉型）

性格特征：灵活、热情洋溢，富有想象力，不墨守成规；能很快地将事情与信息联系起来，自信地根据自己的判断解决问题；需要得到别人的认可，也给予他人赏识和帮助；有很强的即兴发挥能力。

适应的职业特点：不需要自己处理日常琐碎事务，能够利用创造性的思维和无障碍的交流去促进他人成长的工作。

适应的职业领域：咨询服务、教育、艺术等。

12）ENTP 型（外向、直觉、思维、知觉型）

性格特征：反应快、睿智，有激励人的能力，警觉性强、直言不讳；在解决新的、具有挑战性的问题时机智而有策略；不喜欢例行公事，很少用相同的方法做相同的事情，倾向于发展不同的新爱好。

适应的职业特点：创造性解决问题的工作，工作有一定的逻辑顺序和公正标准。

适应的职业领域：咨询服务、市场营销、创业、公共关系等。

13）ESTJ 型（外向、感觉、思维、判断型）

性格特征：务实、果断，适应力强，执行力强，一旦下决心就会立即行动；善于将项目和人组织起来完成任务，并尽可能用最有效率的方法得到结果；有非常清晰的逻辑标准，系统性地遵循逻辑标准，并希望他人也能同样遵循。

适应的职业特点：人员组织工作，工作有公正的测评标准。

适应的职业领域：管理者、行政管理等。

14）ESFJ 型（外向、感觉、情感、判断型）

性格特征：热心肠、有责任心；希望周边的环境温馨和谐；注重人际关系，喜欢和他人一起精确并及时地完成任务；能细心地观察到他人的所需，并及时提供帮助；希望自己能受到他人的认可和赏识。

适应的职业特点：工作目标明确，有明确的业绩标准，能够与人交往的工作环境。

适应的职业领域：教育、健康护理、旅游业、社区服务等。

15）ENFJ 型（外向、直觉、情感、判断型）

性格特征：热情、有责任心，非常重视他人的感情、需求和动机；友善、好社交，在团体中善于帮助他人，并有鼓舞他人的领导能力。

适应的职业特点：工作多姿多彩，但有条不紊，能建立温馨的社交关系。

适应的职业领域：培训、教育、咨询、新闻传播、公共关系、文化艺术等。

16）ENTJ 型（外向、直觉、思维、判断型）

性格特征：坦诚、果断，有天生的领导能力，能够敏锐地发现问题并迅速找到解决方法；善于设定长期的计划和目标；通常见多识广，博览群书，喜欢拓展自己的知识面并分享给他人。

适应的职业特点：决策者，对他人下达命令，了解企业的运作流程，使系统高效运作并如期达到目标。

适应的职业领域：管理、政界、商业、咨询服务、培训等。

【案例分享】

性格的实际运用

小雪是新闻专业的毕业生，毕业后在一家报社当记者。虽然她的业务能力得到了领导的认可，但她工作得并不顺心。因为报社的记者出去采访往往是两个人写一篇稿子，小雪在写稿子的过程中不喜欢与别人合作，想让别人服从她的想法，这样就容易与同事产生分歧。小雪的性格在 MBTI 性格分类中属于 INFP 型（内向、直觉、情感、知觉型），因此，小雪更适合作家之类的创作型岗位，而不是记者，但她既然已经选择了做记者，就应该往外向的方向培养自己的性格，努力让自己更适合记者这个工作。

【学习感悟】

俗话说，"习惯决定性格，性格决定命运"。性格是一个人对现实的态度和行为方式。人的性格是在社会生活环境和人与人之间的交往中形成的，一旦形成就相对稳定。如果了解了一个人，就能预料他在某种情况下会表现出什么样的态度。例如，诸葛亮正是由于掌握了司马懿多疑寡断的个性，准确地断定司马懿在这一特定的时期一定会急速退兵，才敢于设"空城计"退敌。所以，了解了一个人的个性，就相当于掌握了主动权。另外，性格也具有可塑性，父母的个性也会影响孩子的性格。为了能够更好地适应环境，一个人的性格或多或少地会随着生活环境的变化而变化。学生时期要有意识地培养和塑造自身的个性。

【自我训练】

（1）请同学们分成小组，每组 4~6 人，每个同学按照 MBTI 的四个维度分别描述自己的性格特点。

_____

_____

（2）要求每个同学明确地描述出自己的性格偏好。小组内的其他同学可以根据对该同学的了解，提出不同的观点，并列举能佐证的例子，帮助该同学进一步明确自己的性格类型。

_____

_____

【价值引领】

当代大学生对自己要有正确的自我认知。第一，要对自己的容貌、身材、风度、健康等方面进行正确的认知和客观的评价。第二，要对自己在社会生活中的地位、名誉、财产及与他人的相互关系进行正确的认知和评价，如别人怎么看待我、我的品德和才干能否得到用人单位的公认和重视等，这对个人自信心的形成影响很大。第三，要对自己的个性，如气质、性格、能力、需要、兴趣等内在精神因素进行认知和评价，这也是自我认知的核心。

【生涯计划】

通过对自我性格的分析和认知，请同学们根据所学专业列出适合自己性格特征的职业有哪些。

_____

_____

第二节 兴趣探索

一、兴趣与职业兴趣

人们常说"兴趣是最好的老师"，兴趣可以为一个人所从事的职业提供持久的动力，是影响一个人职业选择和发展的重要情感性因素之一。清楚地了解自己的兴趣所在，对于提高自我认识、进行职业生涯规划有着非常重要的意义。

（一）兴趣

1. 兴趣的概念

兴趣是人们探究某种事物或者从事某种活动的心理倾向，它以认识或探索外界的需要为基础。人对有兴趣的东西会表现出极大的积极性，并伴随产生某种肯定的情绪体验。

兴趣是指人们以特定的事物或活动为对象，所产生的积极的、带有倾向性和选择性的态度和情绪。兴趣是人们内心动力和快乐的来源，由内而生，属于内在动机，常常表现为一种自觉自愿、乐此不疲的精神状态。兴趣不是无所事事，不是享受别人的服务，而是主动去做一件事情。

芝加哥大学心理学教授米哈利发现，和人们通常想象的不同，人们感到最为幸福和满足的时刻不是在人们很放松、什么事也不做（如看电视）的时候，而是当人们专心致志地从事某种活动，甚至忘我地完全沉浸在这种活动中的时候。对不同人而言，感到幸福和满足的事情不同，可能是跳舞，可能是演奏乐器、绘画，也可能是阅读、写作或即兴演讲等。米哈利一直强调，要做自己喜爱的事情才能获得快乐，而这也正是工作原本的意义所在。

2. 兴趣的分类

人的兴趣是多种多样的，概括起来可以分为三大类。

1）物质兴趣和精神兴趣

物质兴趣主要指人们对舒适的物质生活（如衣、食、住、行、娱等方面）的兴趣和追求，精神兴趣主要指人们对精神生活（如学习、研究、文学、艺术、知识等）的兴趣和追求。

2）直接兴趣和间接兴趣

直接兴趣是指对活动过程的兴趣。例如，有的学生学习英语，只是对学习英语的过程感兴趣，而对学习结果的好或差无所谓。间接兴趣是对事物的结果产生的兴趣。例如，有的学生对学习英语过程本身并不感兴趣，而是对学习英语的结果（如取得好的成绩、能与外国人进行交流）感兴趣。间接兴趣往往与个人的目的相联系，有较强的目的性。直接兴趣与间接兴趣对个人都是十分有利的，是不可缺少的。

3）个人兴趣和社会兴趣

个人兴趣是指个人对特定的事物、活动以及"人为对象"所产生的带有倾向性、选择性的态度和情绪，个人兴趣可用来解释个人的爱好与环境期待之间的关系。例如，某人喜欢绘画，而他的父母却希望他学习金融。社会兴趣是指社会成员对某领域的普遍兴趣，或社会某一领域对社会成员的普遍需求。例如，有人喜欢做公益活动、志愿服务等积极向上的活动。

【学习感悟】

兴趣、需要、爱好的区别

兴趣是人们基于内心的需要，表现出来的以特定的事物或活动为对象，所产生的积极的、带有倾向性和选择性的态度和情绪。兴趣是以需要为基础的。

需要是有机体感到某种缺乏而力求获得满足的心理倾向，它是有机体自身和外部生活条件的要求在头脑中的映射。简单来说，需要是指当我们的身心某种平衡被打破之后，我们力求去满足的心理倾向，当所有宏观和微观的事物都处于平衡状态的时候是没有需要的。

爱好是兴趣的发展和行动，兴趣是内心的原动力，爱好是兴趣的外在表现。

（二）职业兴趣

1. 职业兴趣的概念

职业兴趣是指人们对某种职业或工作所持态度的积极性，是有关职业偏好的认知倾向。通俗地说，就是喜欢从事什么职业、不喜欢从事什么职业。职业兴趣是保证职业稳定性和工作满意度的重要因素，是职业选择的一个重要依据。人们对某项职业有兴趣，可以是对职业工作过程本身有兴趣，也可以是对由这种职业带来的某种收获感兴趣。

2. 职业兴趣对职业发展的影响

1）职业兴趣有利于提高人的工作效率

职业兴趣属于个性心理倾向，它有利于调动人的工作动机，挖掘人的潜能，提高人的积极性和主动性，从而有助于提高工作效率。

2）职业兴趣有利于提高职业满意度

职业兴趣表明了个体对职业的偏好。从事自己感兴趣的职业，就会产生强烈的工作热情，不易产生职业倦怠，从而获得很高的职业满足感。这种职业满足感是保证职业稳定性和工作满意度的重要因素。

3）职业兴趣可以为个体职业目标定位指明方向

每个人的个性具有整体性，在进行职业选择时，个体的性格、气质、能力等因素的测评相对复杂，而兴趣比较容易把握，因此兴趣为个体的职业生涯规划指明了方向。必须提醒大学生的是，职业兴趣是自己的兴趣，在做职业规划时，大学生可能会征求家长的意见或是寻求教师的指导，但别人的意见仅供参考，要倾听自己内心的声音，做自己真正喜欢的事，这样才能拥有更持久的职业热情，获得更大的职业满足感。

二、霍兰德职业兴趣理论

对职业进行归类的理论研究有许多种。其中，对人们影响较大并已得到广泛认可、有配套的兴趣量表的，当属心理学家、职业指导专家约翰·霍兰德（John Holland）的职业兴趣理论。

（一）职业兴趣类型

霍兰德认为大多数人的职业兴趣可分为现实型（realistic type，R）、研究型（investigative type，I）、艺术型（artistic type，A）、社会型（social type，S）、企业型（enterprising type，E）和常规型（conventional type，C）六种类型，见表2-3。

表2-3　霍兰德职业兴趣类型

类型	喜欢的活动	重视的方面	职业环境要求	典型职业
现实型（R）	用手、工具、机器制造或修理东西。愿意从事实物性的工作、体力活动，喜欢户外活动或操作机器而不喜欢在办公室工作	具体实际的事物、有常识	使用手工或机械技能对物体、工具、机器等进行操作，与"事物"工作打交道的能力比与"人"打交道的能力更为重要	园艺师、木匠、汽车修理工、工程师、军官、兽医、足球教练
研究型（I）	喜欢探索和理解事物，喜欢学习研究那些需要分析思考的抽象问题，喜欢阅读和讨论有关科学性的论题，喜欢独立工作，对未知问题的挑战充满兴趣	知识、学习、成就、独立	分析研究问题，运用复杂和抽象的思维方式创造性地解决问题的能力，谨慎缜密，能运用智慧独立地工作，一定的写作能力	实验室工作人员、生物学家、化学家、心理学家、工程设计师、大学教授
艺术型（A）	喜欢自我表达，喜欢文学、音乐、艺术和表演等具有创造性、变化性的工作，重视作品的原创性和创意	有创意的想法、自我表达	创造力，对情感的表现能力，以非传统的方式来表现自己，相当自由、开放	作家、策划编辑、音乐家、摄影师、厨师、漫画家、导演、室内装潢设计师
社会型（S）	喜欢与人合作，热情关心他人的幸福，愿意帮助别人成长或解决困难，为他人提供服务	服务社会与他人，公正、理解、平等	人际交往能力，教导、医治、帮助他人等方面的技能，对他人表现出精神上的关爱，愿意承担社会责任	教师、社会工作者、牧师、心理咨询师、护士
企业型（E）	喜欢领导和支配别人，通过领导、劝说他人或推销自己的观念、产品而达到个人或组织的目标，希望成就一番事业	经济和社会地位上的成功，忠诚、冒险精神、责任	说服他人或支配他人的能力，敢于承担风险，目标导向	律师、领导、经销商、市场部经理、电视制片人、保险代理
常规型（C）	喜欢固定的、有秩序的工作或活动，希望确切地知道工作的要求和标准，愿意在一个大的机构中处于从属地位，对文字、数据和事物进行细致有序的系统处理以达到特定的标准	准确、有条理、节俭、盈利	文书技巧，组织能力，听取并遵从指示的能力，能够按时完成工作并达到严格的标准，有组织，有计划	文字编辑、会计、银行家、办事员、税务员和计算机操作员

霍兰德认为，个人的职业兴趣往往是多方面的，很少只是集中在某一种类型上。因此，为了比较全面地描述个人的职业兴趣，通常用三个字母的代码来表示一个人的职业兴趣，这个代码就称为"霍兰德代码"。这三个字母间的顺序按照兴趣递减排列，表示兴趣强弱程度的不同。例如，SAI 和 ASI 的人具有相似的兴趣，但是他们对同一类型事物的兴趣强弱程度是不同的。SAI 的人对社会型事物的兴趣最大，其次是艺术型；而ASI 的人对艺术型事物的兴趣最大，其次是社会型。

（二）职业环境类型

霍兰德认为，同一职业群体内的人有着相似的人格特质，因此对情境和问题会有类似的反应，从而产生特定的职业氛围，即职业环境，它具有特定的价值观念、态度倾向和行为模式。因此，工作环境也可以分为六种类型，其名称及性质与兴趣类型的分类一致。具体职业通常也采用上述三个字母代码的方式来描述其工作性质和职业范围。例如，律师这一职业的代码是 EAS，会计这一职业的代码是 CRI。

（三）六边形模型

根据职业兴趣理论，霍兰德进一步提出了兴趣类型的六边形模型，反映六种职业环境类型之间的关系。在六边形模型中，六种类型的职业兴趣位于正六边形的六个顶点上，按照 R—I—A—S—E—C 的顺序依次排列。例如，企业型和社会型在六边形模型上的距离最近，它们的相似性也最高，如社会型和企业型的人都较其他类型的人喜欢与人打交道。企业型和研究型在模型上正好相对，这就意味着它们的相似程度最低。企业型和现实型则具有中等程度的相似性。六边形模型可以帮助人们对兴趣类型与职业环境类型之间的适配性进行评估，如果兴趣类型与职业环境匹配，如一个社会型兴趣的人在社会型的职业环境中工作，就有可能取得令人满意的结果，如增加职业满意度、带来职业成就感和提高职业稳定性等。因此，占主导地位的特征类型可以为个人选择职业和工作环境提供方向。

（四）个人与环境的适配

霍兰德认为，个人兴趣类型和职业环境之间的适配将增加个人的工作满意度、职业稳定性和职业成就感。因此，占主导地位的兴趣类型可以为个人选择职业和工作环境提供方向。人们通常倾向于选择与自我兴趣类型匹配的职业环境，如具有现实型兴趣的人希望在现实型的职业环境中工作，这样可以更好地发挥个人的潜能。但在职业选择中，个体并非一定要选择与自己兴趣完全对应的职业环境。

【兴趣探索】

霍兰德职业兴趣测验

本问卷共 90 道题目，每道题目是一个陈述，请您根据自己的真实情况对这些陈述进行评价，如果陈述符合实际情况就在相应的题目前打"√"，否则打"×"，不要漏答。

① 强壮而敏捷的身体对我很重要。
② 我必须彻底地了解事情的真相。
③ 我的心情受音乐、色彩、写作和美丽事物的影响极大。
④ 和他人的关系丰富了我的生命并使它有意义。
⑤ 我自信会成功。
⑥ 我做事时必须有清楚的指引。
⑦ 我擅长自己制作、修理东西。

⑧ 我可以花很长的时间去想通事情的道理。

⑨ 我重视美丽的环境。

⑩ 我愿意花时间帮别人解决个人危机。

⑪ 我喜欢竞争。

⑫ 我在开始一个项目或活动前会花很多时间去计划。

⑬ 我喜欢使用双手做事。

⑭ 探索新构思使我满意。

⑮ 我总是寻求新方法来发挥我的创造力。

⑯ 我认为能把自己的焦虑同其他人分担是很重要的。

⑰ 成为群体中的关键人物，对我很重要。

⑱ 我对自己能重视工作中的所有细节感到骄傲。

⑲ 我不在乎工作时把手弄脏。

⑳ 我认为教育是发展及磨炼脑力的终身学习过程。

㉑ 我喜欢非正式的穿着，尝试新颜色和款式。

㉒ 我常能体会到某人想要和他人沟通的需要。

㉓ 我喜欢帮助别人不断改进。

㉔ 我在做决策时，通常不愿冒险。

㉕ 我喜欢购买小零件，做成成品。

㉖ 有时我可以长时间地阅读，玩拼图游戏，或冥想生命的本质。

㉗ 我有很强的想象力。

㉘ 我喜欢帮助别人发挥天赋和才能。

㉙ 我喜欢监督事情直至完工。

㉚ 如果我将面对一个新环境，我会在事前做充分的准备。

㉛ 我喜欢独立完成一项任务。

㉜ 我渴望阅读或思考任何可以引发我好奇心的东西。

㉝ 我喜欢尝试创新。

㉞ 如果我和别人发生摩擦，我会不断地尝试化干戈为玉帛。

㉟ 要成功，就必须定高目标。

㊱ 我不喜欢为重大决策负责。

㊲ 我喜欢直言不讳，不喜欢转弯抹角。

㊳ 我在解决问题前，必须把问题分析彻底。

㊴ 我喜欢重新布置我的环境，使其与众不同。

㊵ 我经常借着和别人的交谈来解决自己的问题。

㊶ 我常起草一个计划，而由别人完成细节。

㊷ 准时对我而言非常重要。

㊸ 从事户外活动令我神清气爽。

㊹ 我不断地问为什么。

㊺ 我喜欢自己的工作能够抒发我的情绪和感觉。

㊻ 我喜欢帮助别人找出可以互相关注的方法。

㊼ 能够参与重大决策是件令人兴奋的事。

㊽ 我经常保持整洁，喜欢有条不紊。

㊾ 我喜欢周边环境简单而实际。

㊿ 我会不断地思索一个问题，直到找出答案为止。

○51 大自然的美深深地触动了我的灵魂。

○52 亲密的人际关系对我很重要。

○53 升迁和进步对我是极重要的。

○54 当我把每日工作计划好时，我会较有安全感。

○55 我非但不害怕过重的工作负荷，并且知道工作的重点是什么。

○56 我喜欢能使我思考、给我新观念的书。

○57 我期望能看到艺术表演、戏剧及好电影。

○58 我对别人的情绪低潮相当敏感。

○59 能影响别人使我感到兴奋。

○60 当我答应做一件事时，我会竭尽所能地做好所有细节。

○61 我希望笨重的体力工作不会伤害任何人。

○62 我希望能学习所有使我感兴趣的科目。

○63 我希望能做些与众不同的事。

○64 我对于别人的困难乐于伸手援助。

○65 我愿意冒一点危险以求进步。

○66 当我遵循规则时，我感到安全。

○67 我选车时，最先注意的是好的引擎。

○68 我喜欢能刺激我思考的对话。

○69 当我从事创造性事务时，我会忘掉一些旧经验。

○70 我对于社会上有许多人需要帮助感到关注。

○71 说服别人依计划行事是件有趣的工作。

○72 我擅长检查细节。

○73 我通常知道如何应对紧急事件。

○74 阅读新发现的书是件令人兴奋的事。

○75 我喜欢美丽、不平凡的事。

○76 我经常关心孤独、不友善的人。

○77 我喜欢讨价还价。

○78 我花钱时小心翼翼。

○79 我用运动来保持强壮的身体。

○80 我经常对大自然的奥秘感到好奇。

○81 尝试不平凡的新事物是件相当有趣的事。

○82 当别人向我诉说他的困难时，我是个好听众。

○83 做事失败了，我会再接再厉。

㊽ 我需要确切地知道别人对我的要求是什么。

㉟ 我喜欢把东西拆开，看是否能够修理它们。

㊋ 我喜欢研读所有事实，再有逻辑性地做决定。

㊌ 没有美丽事物的生活，对我而言是不可思议的。

㊎ 人们经常告诉我他们的问题。

㊏ 我常能借助通信网络和别人取得联系。

㊐ 我会小心谨慎地做一件有成就感的事。

计分：表 2-4 中的数字代表上列兴趣测验中的题号。将自己的答案用"√"或"×"画在各数字上。

表 2-4　各职业兴趣类型对应的题号

现实型	研究型	艺术型	社会型	企业型	常规型
①	②	③	④	⑤	⑥
⑦	⑧	⑨	⑩	⑪	⑫
⑬	⑭	⑮	⑯	⑰	⑱
⑲	⑳	㉑	㉒	㉓	㉔
㉕	㉖	㉗	㉘	㉙	㉚
㉛	㉜	㉝	㉞	㉟	㊱
㊲	㊳	㊴	㊵	㊶	㊷
㊸	㊹	㊺	㊻	㊼	㊽
㊾	㊿	51	52	53	54
55	56	57	58	59	60
61	62	63	64	65	66
67	68	69	70	71	72
73	74	75	76	77	78
79	80	81	82	83	84
85	86	87	88	89	90

统计每种类型画"√"的总数，并填写在下面的答题线上：

现实型＿＿＿＿　　　　　研究型＿＿＿＿　　　　　艺术型＿＿＿＿

社会型＿＿＿＿　　　　　企业型＿＿＿＿　　　　　常规型＿＿＿＿

将上述总数从最高到最低依次排好，并填写在下面的答题线上：

第一高分＿＿＿＿　　　　第二高分＿＿＿＿　　　　第三高分＿＿＿＿

第四高分＿＿＿＿　　　　第五高分＿＿＿＿　　　　第六高分＿＿＿＿

算出每种类型画"×"的总数，并填写在下面的答题线上：

现实型＿＿＿＿　　　　　研究型＿＿＿＿　　　　　艺术型＿＿＿＿

社会型＿＿＿＿　　　　　企业型＿＿＿＿　　　　　常规型＿＿＿＿

【学习感悟】

如何将兴趣转变为职业

一个人如果能将个人的兴趣与职业相结合，无疑是最完美的。然而，在如今严峻的就业环境下，这样的完美是鲜有的。那么在职业与兴趣的抉择中，应如何选择呢？不妨先看看下面这个案例。

小朱平日一直爱好旅游，从旅游职业学校毕业后顺利地考了导游证，进入了一家较有名气的旅行社工作。工作刚开始，小朱以其年轻人的蓬勃热情和对导游事业的热爱，很快就得到了领导的赏识，但不到一年的光景，他却以底薪太低、导游地点单一为由选择了跳槽，转行从事与导游完全不相关的销售工作。可是因销售压力和不稳定的工作性质，小朱又频繁换工作，更糟的是今年年初他失业在家了。

小朱从顺利入职、领导赏识到最终的失业，归根结底源于他对职业兴趣的认识有所偏差。据统计，一个人如果对工作感兴趣，就能在工作中发挥出其全部才能的80%～90%。然而，个人兴趣并不完全等同于职业，它们之间也需要通过角色的转换和协调来实现。显然，小朱将导游职业等同于旅游的想法是非常错误的。

在职业生涯发展过程中，除了个人兴趣带来的工作热情外，还有诸多方面的因素会影响个人的职业发展。因此，比选择自己的兴趣为职业更有效的发展途径是在自己的职业中发现兴趣。

首先，准备阶段。入职前应当将工作的内容和性质做全面的了解，不能过于乐观，要认识到工作中的困难和现实问题，在这些方面做好充分的知识、技能和心理准备。

其次，探索阶段。入职后一般会有一个对岗位的适应过程，这个阶段很多事物是新鲜的，加之有对工作的热情，一般来说这个阶段不会产生职业倦怠。这个过程中最适合在职业中发现个人兴趣，并在这方面树立明确的职业目标，如能力提升、领导认同等。

最后，发展阶段。完成探索阶段定下的职业目标时的满足感往往有助于战胜职业倦怠。在职业发展阶段，由于对工作岗位的熟悉度提高和对工作的满足度降低，容易产生职业惰性和职业倦怠。此时，就需要不断调整自己的职业兴趣和职业目标，如将工作重心从最初的个人发展转变为团队发展等。

简言之，兴趣是职业发展的基础，而职业是兴趣展示的平台。

兴趣可以为一个人所从事的职业提供持久的动力，是提高工作满意度的重要因素。清楚地了解自己的兴趣所在，对于提高自我认识、进行职业生涯规划都有非常重要的意义。

【自我训练】

（1）你学的专业适合从事哪些工作？你有哪些经验（故事）说明你有从事这些工作的能力？两人一组，交流自己感兴趣的工作领域有哪些特点吸引自己。

_____
_____
_____

（2）如果你对自己的专业不感兴趣可以转专业。你认为自己还有哪些选择可以满足你的兴趣？

_____

_____

_____

【价值引领】

兴趣和爱好是受社会性制约的，不同的环境、不同的阶级、不同的职业、不同的文化层次的人，其兴趣和爱好都不一样。有些人的兴趣和爱好对人的发展有积极的影响，有些人的兴趣和爱好对人的发展有消极的影响，这种影响逐渐还会影响一个人在其他人眼中的形象。例如，对公益活动感兴趣，乐于助人，对高雅的音乐、美术有兴趣和爱好，让人变得更加有气质也更受他人欢迎；反之，对占小便宜感兴趣，对低级、庸俗的文艺作品有兴趣和爱好，则让一个人心理阴暗并且被周围的人反感。

【生涯计划】

请写出根据测试得出的自己的职业兴趣，并探索与自己所学专业相关的职业方向有哪些。

_____

_____

_____

第三节　价值观探索

每个事物都有不同的价值，每份工作也是如此，这些价值在一个人内心中的重要程度排序，就是其价值观。每个人的价值观都不相同，价值观是人们判断对错和决策的内在标准，虽然每个人都有自己的价值观，但并不一定每个人都清晰自己的价值观。

一、价值观与职业价值观

人们所处的自然环境和社会环境，包括社会关系和物质生活条件，决定着人们的价值观念。处于相同的自然环境和社会环境的人，会产生基本相同的价值观念。每个社会都有一些共同认可的、普遍的价值标准，从而会出现普遍一致的或大部分一致的行为定式，或称为社会行为模式。

（一）价值观的内涵和特性

价值观是后天形成的，是通过社会化培养起来的。家庭、学校、所处工作环境等对个人价值观的形成起着关键的作用，社会环境也对其有重要影响。个人价值观的形成有一个过程，它是随着知识的增长和生活经验的积累而逐步确立起来的，一旦确立，便具有相对的稳定性，形成一定的价值取向和行为定式。价值观是指一个人对周围的客观事物（包括人、事、物）的意义、重要性的总评价和总看法。这种对事物的看法和评价，在心目中的主次、轻重的排列次序，就是价值观体系。

价值观和价值观体系是决定人的行为的心理基础。价值观是人们对社会存在的反映，是社会成员用来评价行为、事物以及从各种可能的目标中选择自己合意目标的准则。价值观通过人们的行为取向及对事物的评价、态度反映出来，是世界观的核心，是驱使人们行为的内部动力，它支配和调节一切社会行为，涉及社会生活的各个领域。价值观具有相对稳定性和持久性，在特定的时间、地点，人们的价值观总是相对稳定和持久的。例如，对某种事物的好坏总有一定的看法和评价，在条件不变的情况下这种看法不会改变。但是，随着人们的经济水平的改变，以及人生观和世界观的改变，价值观也会随之改变，也就是说，价值观也处于发展变化之中。

价值观取决于人生观和世界观。一个人的价值观是从出生开始，在家庭和社会的影响下逐步形成的。一个人所处社会的生产方式及其经济水平，对其价值观的形成有决定性影响。当然，报刊、网络、电视和广播等宣传的观点以及父母、老师、朋友和公众名人的观点与行为，对一个人的价值观也有不可忽视的影响。

价值观是一种内心尺度，支配着人的行为、态度和信念等，支配着人们认识世界，进行自我了解、自我定向、自我设计等。

（二）价值观与职业选择

选择职业是人生的一大课题，更是青年大学生的一项重要任务。

1. 个人的职业选择与其自身的价值之间存在着密切的联系

每一种职业既是社会分工不可缺少的组织形式，又是根据一定的知识、技能和素养所进行的生产活动。能否以积极的态度对待自己所选择的职业、能否在未来的工作中取得较好的成绩，在很大程度上取决于个人的价值观以及个人在精神上、政治上、道德上和心理上的成熟水平。只有把社会的要求变成个人内在的需要，真正懂得人生的意义，并以正确的价值观来指导自己的学习和实践的人，才能做出正确的、符合实际的职业选择。

2. 主观愿望与现实要求之间不相符是对职业选择产生不满的根源

职业的选择是大学生进入社会前的一种决策和思考，能否恰当地选择职业，是决定他们进入社会后成功与否的重要因素。对于这一重大问题，他们虽多次、反复思考，并进行过多种想象，但现实却往往不一定能够按照他们所想象的方式得到解决，因而会出现种种问题。这种对职业的主观愿望与现实之间的不相符，往往是对职业选择产生不满的基础。研究发现，这种不满主要表现在三个方面。

（1）专业的性质与个人的兴趣、能力及个性特点不相符。有的大学生从入学的第一天起，就有相当严重的失落感、挫折感，有的还会丧失信心。他们不仅对所学专业和现实的大学生活不满意，甚至对自己的未来感到渺茫。因此，正确引导大学生的职业选择，不仅关系到他们对职业的社会价值的认识、对职业的定位的思考，也直接关系到他们的学习动机和学习水平。

（2）职业所要求的专业能力与自己的实际水平不相符。由于大学生缺乏生活经验，加之不能恰当地分析和评价自己，无法将自己学习到的专业技能运用到工作中，因而选择职业时常常好高骛远、不切实际，也不考虑自己的适应性。他们往往不大懂得，除了他们自己在选择职业之外，职业本身也在选择他们。因此，大学生应树立正确的价值观，这样才能有目标地进行职业选择，才能进一步激发学习动机，增强学习的目的性。

（3）对学校类别与专业认知前后不相符。学生在升学过程中基本被高考分数所左右，而很少考虑个人的兴趣、实际能力及个性特点，并且大学生又由于缺乏生活经验不能恰当地评价自己、考虑职业本身的要求等，造成了主观愿望和客观要求的不相符，从而影响了职业的正确选择。

3. 职业的选择是各种心理因素和社会因素长期相互作用的结果

大学生的职业选择可以说是各种心理因素与社会因素相互作用的结果。职业选择的过程，不仅是个人的思想观念与社会现实相适应的过程，也与人生观和价值观的形成、变化和发展紧密联系。没有正确的人生观、价值观，就不可能有正确的职业选择。

（三）大学生职业价值观的变化趋势

当代大学生的价值取向呈现多元化发展的趋势，大学生的自主意识、竞争意识、民主意识等不断增强，大学生个体具有更强的独立性，价值评价标准带有双重性。大学生的职业价值观念的变化体现在下列几点。

（1）在择业理念上，从选择稳定的职业向选择有发展潜力的职业转变。

（2）在择业标准上，从追求发挥专业特长向追求理想待遇转变。

（3）对未来的就业情况不确定，但对自主创业充满期待。

（4）更看重所从事的职业能否为实现其自身价值提供机会。

二、大学生价值观的引导与提升

大学生正确价值观的树立，从宏观方面讲，有利于国家和社会的稳定和发展，从微观方面讲，可以帮助大学生更好、更顺利地就业，为大学生今后的发展提供指引。因此，要适时地正确引导、帮助大学生树立正确的价值观。一般来说，多数大学生能够理性地处理个人与社会、奉献与索取的关系，但也有部分大学生受社会上不良价值取向的影响，在择业过程中只看个人利益，而没有把自己放在集体、社会中来衡量，严重背离了集体主义价值观的要求。因此，在对大学生进行价值观教育时，应该引导他们正确看待个人利益和集体利益、国家利益之间的关系，使他们树立正确的职业待遇观、职业定位观和职业苦乐观，使他们在择业上正确处理个人地位、待遇与奉献的关系。

（一）加强大学生价值观教育

价值观教育对人们自身行为的定向和调节起着非常重要的作用。高校在培养大学生科学文化素质的同时，也不能忽视对其价值观念的培养。调查表明，多数大学生的人生价值观是积极的、进取的和乐观的，但也有少数大学生崇尚个人主义、消极主义，这与当前大学生人生价值观的一些新变化是相吻合的。近年来，越来越多的大学生强调自我与社会融合，索取与奉献并重，兼顾国家、集体、个人三者利益而又比较重视自我，注重实际，推崇竞争，敢冒风险，追求物质利益。当代大学生这种人生价值观的变化是社会发展变化、大学生自身实践、社会角色要求和年龄特征的综合反映。

【案例分享】

　　小徐在大学毕业后找了一份专业对口的技术性工作，待遇和工作环境等方面都不错。虽然每天踏踏实实地工作，受到单位领导的好评，但他内心深处非常惆怅。因为从小生长在偏僻落后山区的他，之所以能够走到今天这一步，一是靠他父母"只有读书才有出路"的坚定信念，二是他的小学老师对他的影响，所以现在他最想去偏远的山村当一名人民教师，去帮助更多像他一样需要帮助的人。然而由于他自己家里生活非常困难，还有两个妹妹在上学，家里在经济上需要依靠他，因此小徐无法去实现自己的理想，只能继续在单位认真做好工作。

　　从这个例子中可以看出，小徐最重要的职业价值观就是帮助他人，但如果他选择符合自己价值观的以山村教师为职业，收入将会比现在低得多，而他的家庭却非常需要他的这一份收入。这时他只能选择承担起对家庭的责任，暂时放下他的理想，等到以后条件允许再考虑自己的价值追求。所以当我们暂时无法实现职业追求时，可先认真做好现在的工作，以后再寻求机会去实现自己的职业价值追求。

　　（二）确定正确的职业价值取向

　　职业价值观是大学生职业人生的方向标，它的确定无论是对个人还是对社会都至关重要。大学生应该树立良好的职业价值观，对自己的职业前景进行合理的规划，这不仅有利于实现个人的自我价值，也对社会的稳定具有促进作用。

　　1. 把提高职业能力与培养职业品德结合起来

　　从终身教育角度看，职业教育中的能力培养是终身教育的一部分。一方面，要关注职业基本能力的培养，如具体的专业技能和专业知识及其他的能力，包括搜集、分析和组织信息的能力，解决实际问题的能力，应用技术的能力，计算的能力；另一方面，还要培养学生奉献社会、有效工作、热爱职业等积极向上的职业品德。这些职业基本能力和职业品德无论从事哪一种职业都需要，对劳动者未来的发展起着关键性的作用。因此，在强调就业导向的同时，还要认识到职业教育不只是获取生存技能的途径，还应成为提升人的境界、丰富人的精神世界的一种方式，要将职业品德教育与职业能力培养结合起来。在社会经济、政治与文化发展的今天，要让大学生学会在个人价值和社会奉献之间取得协调，实现个人需求与职业需求的统一。

　　2. 把个人价值的实现与倡导爱业、敬业的职业精神结合起来

　　在一个人的职业生涯中，职业价值取向决定着职业精神，而职业精神所表达出来的

是一种态度。爱业、敬业就是一种对待工作、对待职业的态度。从某种意义上讲，拥有良好的职业精神对一个人职业生涯的成功和未来的发展起着非常大的作用。一个人如果仅仅为了个人的利益，为了获得个人物质上的报酬而工作，就永远是工作的奴隶，因为他不明白自己工作的意义。只有选择了自己所喜爱做的事，热爱正在从事的职业，做好正在做的工作，才能在勤奋踏实的工作中有所成就、有所创造，才能在这个过程中更好地展示自我，实现个人价值。

3. 把个人发展与追求理想、超越自我结合起来

人们在选择职业时，从个人的选择意识上，倾向于把发挥个人所长、充分发挥自己的能力、实现自我价值、优厚的收入和福利待遇、良好的工作环境、晋升发展的机会作为重点考虑因素，但勇于承担社会责任、为社会作贡献、树立社会责任意识是一个国家、一个社会发展必不可少的支撑因素。因此，当代大学生应拥有积极健康的职业态度，在充分发挥潜力与追求崇高理想的相互协调中、在个人发展和超越自我的统一中来进行职业定位，确定职业发展方向，从而使自己走向成功，实现人生价值最大化。

三、常用的价值观探索方法

早期的价值观的探索研究多由人类学家从事。他们主要采用访谈法、自然观察法、自我陈述法及个人和文化产品（信件、日记、报纸等）的内容分析法进行研究。由于他们把价值观理解为每个人对"美好生活"的向往，因此，他们的研究被混入了兴趣、态度等内容，不是单纯的价值观研究。常用的价值观探索方法有以下几种。

（一）价值观研究量表

1. 测验目的及量表简介

价值观研究量表主要用于测评个人人格中的价值观，由心理学家奥尔波特等于1931年编制，1951年、1960年两次修订。

价值观研究量表适用于大学生和成人，属纸笔测验，以哲学家斯普兰格的六种理想价值类型为理论依据，以测量个人人格中相对突出的六种基本兴趣、动机和评价态度。测验有45道题目，包括两个部分：第一部分30道选择题，每题2个选项；第二部分15道选择题，每题4个选项。由此可分析被试者在哪种价值类型上更为突出。

所有题目由被试者自己填写，不受时间限制，允许但不希望被试者不回答。各种价值观的测量都只是相对强度，它们之间也不是彼此独立的，即量表有"总和恒定"性质。为此通常将被试者的得分绘制成剖析图，以反映被试者在六个领域中的相对强弱。

2. 价值观研究量表的研究应用

自从价值观研究量表问世后，奥尔波特等进行了大量测试工作，以确定其信度、效度和常模。由此他们发现了某些规律，如女性比男性在宗教、社会性和审美等方面的得分高，而男性在理论、经济价值上的得分相对要高，医学院学生在理论价值上得分高，

测验结果能够预测被试者的职业生涯等。

价值观研究量表在人格研究、心理测验等领域常用于研究团体差异、价值观的变化及发展、团体相似性、知觉、认知与价值观的关系以及其他兴趣和态度等。

（二）生活方式问卷

莫里斯（Morris）于 1956 年编制了生活方式问卷。该问卷共包括 13 种生活方式，分别用 13 段长短相近的文字描述，各种生活方式强调的内容不同，见表 2-5。

表 2-5　莫里斯生活方式问卷

生活方式	相关描述
成就感	提升社会地位，得到他人和社会认同；对工作的完成和挑战成功感到满足
美感的追求	有机会多方面欣赏周围的人、事和物，或有机会欣赏任何自己觉得重要且有意义的事物
挑战	能够有机会运用聪明才智来解决困难；会抛弃传统方法，而选择创新的方法处理事务
健康（身体和心理）	工作能够免于焦虑、紧张和恐惧；希望能心平气和地处理事务
收入与财富	工作能够明显、有效地改变自己的财务状况；希望能得到金钱所能买到的东西
独立性	工作有弹性，可以充分掌握自己的时间和行动，自由度高
爱、家庭、人际关系	关心他人，乐于分享，协助别人解决问题；体贴、关爱，对周围的人慷慨大方
道德感	与组织的目标、价值观和工作使命不冲突，紧密结合
欢乐	享受生命，结交朋友，与别人共处，一同享受美好时光
权力	能够影响或控制别人，使他人照着自己的意思去行动
安全感	能够满足生存需要，有安全感，远离突如其来的变动
自我成长	能够追求学习新知识的体验，寻求更圆满的人生，对智慧、知识与人生的体会有所提升
协助他人	认识到自己的付出对团体是有帮助的，别人因为自己的行动而受惠颇多

莫里斯让被测试者用此问卷来评定对各种生活方式的喜好程度，然后按喜好程度分七个等级依次确定 13 个项目的顺序。这种方法探讨的是有关生活方式的价值问题。

（三）价值观调查表

罗克奇（Rokeach）在 1973 年编制了价值观调查表（表 2-6）。罗克奇的价值系统理论认为，各种价值观是按一定的逻辑意义联结在一起的，它们按一定的结构层次或价值系统而存在，价值系统是沿着价值观的重要程度的连续体而形成的层次序列。罗克奇提出了两类价值观：终极价值观和工具价值观。价值观调查表中包含终极价值观和工具价值观各 18 项，每种价值观后都有一段简短的描述。施测时，让被试者按其对自身的重要性对两类价值观分别排列顺序，将最重要的排在第一位，次重要的排在第二位，依此类推，最不重要的排在最后。该量表可测得不同价值观在不同人的心目中所处的相对位置，或相对重要程度。这种研究是把各种价值观放在整个系统中进行的，因而更体现了价值观的系统性和整体性的作用。

表 2-6　罗克奇的价值观调查表

终极价值观	工具价值观
1. 舒适的生活（富足的生活）	1. 雄心勃勃（辛勤工作、奋发向上）
2. 振奋的生活（刺激的、积极的生活）	2. 心胸开阔（开放）
3. 成就感（持续的贡献）	3. 能干（有能力、有效率）
4. 和平的世界（没有冲突和战争）	4. 欢乐（轻松愉快）
5. 美丽的世界（艺术与自然的美）	5. 清洁（卫生、整洁）
6. 平等（兄弟情谊、机会均等）	6. 勇敢（坚持自己的信仰）
7. 家庭安全（照顾自己所爱的人）	7. 宽容（谅解别人）
8. 自由（独立、自主选择）	8. 助人为乐（为他人的福利工作）
9. 幸福（满足）	9. 正直（真挚、诚实）
10. 内在和谐（没有内心冲突）	10. 富于想象（大胆、有创造性）
11. 成熟的爱（性和精神上的亲密）	11. 独立（自力更生、自给自足）
12. 国家的安全（免遭攻击）	12. 智慧（有知识的、善思考的）
13. 快乐（快乐的、闲暇的生活）	13. 符合逻辑（理性的）
14. 救世（救世的、永恒的生活）	14. 博爱（温情的、温柔的）
15. 自尊（自重）	15. 顺从（有责任感、尊重的）
16. 社会承认（尊重，赞赏）	16. 礼貌（有礼的、性情好）
17. 真挚的友谊（亲密关系）	17. 负责（可靠的）
18. 睿智（对生活有成熟的理解）	18. 自我控制（自律的、约束的）

　　此外，还有一些量表也常用于对价值观的测评，如高顿（Gordon）于 1961 年编制的人际价值观量表、舒伯于 1970 年编制的职业价值观调查表等。

【学习感悟】

　　职业价值观是指人生目标和人生态度在职业选择方面的具体表现，也就是一个人对职业的认识和态度以及他对职业目标的追求和向往。价值观也受周围环境的影响，和个人的成长、学习和实践关系密切。树立正确的职业价值观是新时代大学生面临的一个重大课题，需要谨慎对待。

【自我训练】

　　运用自我反省法，客观地评估自我。

　　认真思考以下六个问题，并记录下来。

　　（1）我究竟有什么样的才干和天赋？与我所认识的人相比，我的长处、优点是什么？

_____

_____

　　（2）我的激情表现在哪些方面？有什么东西使我内心激动和向往，使我有冲劲去完成，而且干起来不觉得累，并其乐无穷？

_____

_____

（3）我的经历有什么与众不同之处？它能带给我什么样的特别的洞察力、经验和能力？这些能让我做出什么与众不同的事？

_____

_____

（4）我最明显的缺点和劣势是什么？

_____

_____

（5）我与哪些优秀的人有来往？他们有什么突出的才干、天赋和超出一般的激情？与之合作（或跟随他们）能有什么机遇？

_____

_____

_____

（6）我在生活中有哪些具体的需求要得到满足？

_____

_____

_____

【价值引领】

　　价值观是基于人的一定的思维感官之上做出的认知、理解、判断或抉择，也就是人认定事物、辨别是非的一种思维或价值取向，从而体现出人、事、物一定的价值或作用。当代大学生要树立为国服务、为家服务和为己服务相结合的职业价值观，从而实现自身最大的价值。

【生涯计划】

　　步骤一：你的人生价值观是（3～6项）：

_____

_____

　　你的职业价值观是（1项）：

_____

　　步骤二：对于职业价值观，你之前为了它付出过哪些努力？

_____

_____

_____

步骤三：你接下来还要为它付出什么行动？

_____

_____

_____

第四节　个人能力探索

一、能力与技能

（一）能力

从定义来看，能力是顺利并正确完成某种活动的前提条件。能力具有经常性、稳定性等特点，是影响活动效果的基本因素。能力的高低会影响一个人从事活动的快慢、难易。例如，一个具有较强动手能力的人，学习工程专业会觉得容易些，也能更快地掌握这方面的知识，这是因为他所具备的能力与从事的活动要求相匹配。能力是与活动紧密相连的，离开了具体活动，能力就无法形成和表现。

能力有一般能力和专业能力之分。前者指符合许多基本活动要求的能力，如学习能力、记忆能力、观察力等；后者指符合某种专业活动要求的能力，如乐器演奏、体育竞技中所需要的各种能力。不同的职业岗位既要求具备一些一般能力，也要求具备某些专业能力。

研究发现，在实际生活和工作中，对个人行为起决定性作用的往往不是个人实际能力的高低，而是个人的自我效能感。

（二）技能

技能是指人们掌握和运用专门技术的能力。一般来讲，职业对任职者的能力要求主要是技能层面的。技能分为专业知识技能、可迁移技能和自我管理技能三种，这三种技能在一个人的职业发展过程中都起到很大的作用。

1. 专业知识技能

专业知识技能是指需要通过教育或者培训才能获得的知识或能力，也就是个人所学习的科目、所懂得的知识，如外语、计算机编程等。专业知识技能一般用名词来表示，主要考察的是人们对知识掌握的广度和深度。

专业知识技能不可迁移，也就是说，它们是一些特殊的词汇、程序和学科内容，必须经过有意识的记忆、专门的培训才能掌握。它们常常与我们的专业学习或工作内容直接相关。正因为如此，许多大学生由于不喜欢自己的专业，在找工作时往往陷入两难的境地。一方面，他们认为找工作必须专业对口，但是又不喜欢自己的专业，不想将之作为自己从事一生的职业；另一方面，如果专业不对口，自己不是科班出身，则担心自己与专业出身的应聘者相比缺乏竞争力，甚至觉得很难跨越专业的鸿沟，在这种情况下，似乎唯一可行的方式就是通过考研来更换专业。

2. 可迁移技能

可迁移技能就是在不同工作、学习和生活环境中都能发挥作用的技能。这种技能往往通过观察、实践、思考等过程获得，因其具有通用性，所以被称为可迁移技能。可迁移技能是用人单位最看重的部分。

【案例分享】

应届毕业生小姜学的是电子商务专业，在一次招聘会上，他想要应聘一家国外汽车企业在国内的销售员的岗位，但该企业要求应聘者是市场营销专业毕业的。虽然小姜的专业不符合企业的要求，但他还是想去试一试。招聘人员告诉他，企业要扩大业务，所以需要有市场开拓能力的学生。听完招聘人员的介绍后，小姜随即表示自己具备市场开拓能力，并列举了自己大三期间在某药厂实习时参与市场开拓并取得不俗成绩的经历。听了小姜的自我介绍和具有专业水准的表述，招聘人员对他的专业素养很满意。三天后，小姜接到了面试通知并顺利通过了面试。

从这个例子可以看出，虽然小姜的专业与企业的要求不符，但是他的相关实习经历使他成功地通过了面试，这也说明了可迁移技能的重要性，可迁移技能在择业时能够使自己的职业选择更多、成功概率更高。

3. 自我管理技能

自我管理技能是一个人在工作中所表现出来的特征和品质，可通过认同、模仿、领悟等途径获得。自我管理技能是影响职业生涯成功与否的关键。自我管理技能经常被看作个性品质而非技能，是因为它被用来描述或说明人具有的某些特征。它涉及个体在不同的环境下如何管理自己：是勇于创新还是循规蹈矩，是认真还是敷衍了事，能否在压力下保持镇定，是否对工作有热情，是否自信等。自我管理技能一般用形容词或副词来表示，大多时候无法在短期内被准确识别，需要在深入且全面地了解一个人后才能做出判断。

良好的自我管理技能能够帮助个体更好地适应周围的环境、应对工作中出现的问题，因此它也被称为适应性技能。一个人是如何使用自己的专业知识、以什么样的态度从事工作的，甚至比工作内容本身更为重要。正是因为某些人拥有一份工作所需的品质和态度，其才与具有相同知识技能的其他候选人区别开来，最终得到这份工作，并能够适应新的环境和规则，在工作中取得成就，获得加薪和晋升。因此，有人称自我管理技能为"成功所需要的品质、个人最有价值的资产"。

在用人单位对刚毕业的大学生的评价中，通常包括缺少敬业精神、没有服务意识、眼高手低、不认真、不踏实、没有主动进取精神等，这些评价都是与自我管理技能相关的。很多大学生因为从小受到父母、老师的呵护，所以缺乏自我管理技能，在处理工作问题和人际关系上往往显得不成熟，以自我为中心。

二、识别个人能力

（一）多元智能理论

加德纳在 1983 年公开出版的《智能的结构》一书中提出了多元智能理论，并描述性地给出了智能的定义：智能是一种或一组个人解决问题的能力，或制造出在一种或多种文化背景中被认为是有价值的产品的能力。智能的结构是多元的，既可以是某种独特的能力，也可以是能力的组合。多元智能理论认为，人至少有八种能力类型：逻辑/数理智能、言语/语言智能、音乐/节奏智能、视觉/空间智能、身体/运动智能、交往/交流智能、自知/自省智能、自然/识别智能（表 2-7）。

表 2-7　加德纳的"多元智能理论"与相关职业匹配表

能力类型	能力特征	职业匹配
逻辑/数理智能	运算和推理等科学或者数学的一般能力以及通过数理运算和逻辑推理等辨别逻辑或者数字模式的特殊能力来处理较长推理的能力	侦探、律师、工程师、科学家和数学家等
言语/语言智能	听、说、读、写的能力，表现为个人能够顺利而有效地利用语言描述事件、表达思想并与人交流的能力以及对声音、节律、单词的意义和语言不同功用的敏感能力	记者、编辑、作家、演讲家和领袖等
音乐/节奏智能	谱写歌曲和演奏乐器的能力，包括感受、辨别、记忆、改变和表达音乐的能力，表现为个人对音乐包括节奏、音调、音色和旋律的敏感，通过作曲演奏和歌唱等表达音乐的能力以及对音乐表现形式的欣赏能力	作曲家、指挥家、歌唱家、演奏家、乐器制造者和乐器调音师等
视觉/空间智能	准确感受空间世界的能力，包括感受、辨别、记忆、改变物体的空间关系并借此表达思想和情感的能力，表现为对线条、形状、结构、色彩和空间关系的敏感以及通过平面图形和立体造型将它们表现出来的能力	画家、雕刻家、建筑师、航海家、博物学家和军事战略家等
身体/运动智能	控制自己身体运动和技术性地处理目标的能力，表现为能够较好地控制自己的身体、对事件能够做出适当的身体反应以及善于利用身体语言来表达自己的思想和情感的能力	运动员、舞蹈家、外科医生、赛车手和发明家等
交往/交流智能	与人交往的能力，表现为觉察体验他人情绪、情感气质、意图和需求的能力并据此做出适当反应的能力	教师、律师、推销员、公关人员、节目主持人、管理者和政治家等
自知/自省智能	认识、洞察和反省自身的能力，表现为能够正确地意识和评价自身的情绪、动机、欲望、个性、意志，并在正确的自我意识和自我评价的基础上形成自尊、自律和自制的能力	哲学家、小说家、律师等
自然/识别智能	认识动物、植物和自然环境其他部分的能力	猎人、植物学家或者解剖学家等

每个人都能同时拥有这八种智能，但组合的方式有所不同。即便是智商相同的人，其智能也有着不同的表现形式。所以，我们很难找到一个适用于所有人的统一的评价标准。

（二）冰山能力素质模型

1973 年，哈佛大学的麦克利兰教授提出了冰山能力素质模型，简称冰山模型，也称为职业胜任力模型。该模型较为完整地论述了个体参与社会活动及胜任某一职业应具有的知识能力体系，在人力资源领域受到广泛关注和应用。麦克利兰把人的胜任特征模型抽象地描绘成一座在水中漂浮的冰山。"水上部分"包括知识、技能，是人的外在表现，比较容易被感知；"水下部分"包括社会角色、自我形象、特质和动机，是人内在的、难以测量的隐性能力、素质，它们不太容易通过外界的影响而改变，是决定人们行为和表现稳定性的关键因素。越处于下端的能力、素质，被挖掘与感知的难度越大。简而言之，冰山模型包括六个方面，从上到下分别是知识、技能、社会角色、自我形象、特质和动机。

（1）知识，指个人在特定领域拥有的事实型与经验型信息，如专业销售知识积累。

（2）技能，指运用某种知识进行具体工作的操作能力，如人际交流能力、组织能力、时间管理能力。

（3）社会角色，指对自己的世界观、人生观、价值观的认知，即"我是谁""从哪里来""到哪里去"等问题。

（4）自我形象，指一个人的态度、价值观和自我印象。

（5）特质，也称品质，指个性、身体特征对环境和各种信息所表现出来的持续反应。

（6）动机，来源于需求，是驱动个人行为的"兴奋剂"，驱动着人们不断地去做某些事。

（三）七项能力蓝图

能力一般分为知识（knowledge，K）、技能（skill，S）、品质（trait，T）三类，即KST。根据知识、技能和品质所涉及的范畴，又可以将能力概括为学习发展、专业化、关系建立、经验开放性、信息搜集与分析、责任心、行动力七项内容。

1. 学习发展

学习发展是指通过吸取自己或他人的经验教训、科研成果等，增加学识、提高技能，从而获得有利于未来发展的能力，包括学习意识、经验总结、缺口分析（善于分析自身知识和工作要求之间的差距，并快速采取弥补行动）、学习过程、学习目标（能够将个人的学习目标与职业生涯规划相结合，并制订相应的学习计划）等内容。

2. 专业化

专业化表现为对本专业领域的发展动态非常敏感，有较强的领悟力和驾驭力，能做本专业的专家，体现在技能娴熟度、专业敏感性、自信力及权威感、开放与适应（保持对其他岗位专业技能的开放心态，以确保能够更好地做好团队配合与工作衔接；在转换工作任务时，表现出良好的适应性和快速学习的能力）等方面。

3. 关系建立

关系建立是指与有助于或可能有助于完成工作相关目标的人建立或维持友善的关系，也指建立与维护人际关系的能力。这种能力还被理解为建立网络、利用资源、开发人脉、对他人关切、与他人建立融洽关系的能力。

4. 经验开放性

经验开放性是指拥有开放的心态，勇于尝试，并乐于与人分享，包含信息获取的开放性和开放的知识结构。

5. 信息搜集与分析

信息搜集与分析是指受潜在的好奇心和愿望驱动，采用不一般的方式去搜集信息并能够把那些原始的、零散的材料经过归纳整理、综合分析、去粗取精、去伪存真，变成系统的、具有较强操作性和指导性的意见、建议。信息搜集与分析可以分为信息搜集、信息管理、信息加工、信息整合与应用四个流程。

6. 责任心

责任心是指个人对自己和他人，对家庭和集体，对国家、社会和工作负责任的认识、情感和信念，以及与之相应的遵守规范、承担责任和履行义务的自觉态度。

7. 行动力

行动力体现在个人愿意不断学习、思考，养成习惯，进而获得成功的能力。有行动力的人行为的主动性强，具备一定的冒险精神，倾向于在不断尝试的过程中学习和提升，对工作的未知因素没有畏难情绪，不怕困难和挫折。

七项能力蓝图旨在引导个体从现状、目标、时间点、成果、监督五个模块出发对自身的学习发展、专业化、关系建立、经验开放性、信息搜集与分析、责任心、行动力七个素养进行分析整理，在达到正确认识自身能力的前提下，设定计划和目标，通过实践来提升自己的综合素质。七项能力蓝图建立在前人理论探索的基础上，并且通过实践结合了时代特点，是目前较为新颖的能力理论。

三、职业能力培养

（一）培养职业兴趣

职业兴趣是人从事工作的动力因素，也是人对自己职业的认识倾向。只有对自己所从事的工作产生浓厚的兴趣，才能从心里热爱自己的职业，进而形成一种努力做好工作的动力和产生积极向上的行为。因此，要想在工作中有所成就，就要先培养自己对职业的兴趣。

（二）发展职业技能

职业技能需要在实践中不断发展、成熟。在校期间，大学生在学好专业知识的同时，要将理论与实践相结合，积极参加与专业相关的技能竞赛，以赛促学，不断提高职业技能。同时，要注重实习实践，在实践中拓展职业能力。

（三）重视岗位技能培训

社会职业的多样性要求人们具备不同的岗位技能，而人的岗位技能的形成需要专门的培训。良好的素质如果得不到良好职业教育的培训，就难以形成良好的职业能力。进行岗位技能培训，可以提高人们将掌握的知识运用于实践的能力。此外，掌握必要的操作技术是人们从事工作的必备技能。

（四）培养终身学习能力

现代科技的飞速发展大大缩短了人类知识更新的周期。今天学过的知识、技能很有可能明天就派不上用场。因此，进行终身学习，不断更新知识结构，才能使职业能力不断得到发展，适应飞速发展的社会需要。

【学习感悟】

职业能力是人们从事某种职业的多种能力的综合。现今社会，社会发展的规范性加强，行业准入是职业能力的一种表现形式。对于任何一种职业或岗位而言，必须要求从业者具备相应的能力。对职业能力的要求可能随着行业和企业的不同而不同，要想在职业生涯中获得成功，就必须具备出色的职业能力。

【自我训练】

盘点自己的知识体系，回顾自己接受过的教育、培训和参加过的实践活动，尽可能地列出自己所掌握的知识技能。

（1）通过系统的教育，我掌握的知识技能：

_____

（2）通过参加社会实践活动，我掌握的知识技能：

_____

（3）通过兼职或单位实习，我掌握的知识技能：

_____

（4）通过参加专题培训和短期学习，我掌握的知识技能：

_____

_____

（5）通过个人兴趣、爱好活动，我掌握的知识技能：

_____

_____

（6）通过其他途径，我获得的知识技能：

_____

_____

_____

【价值引领】

　　个人能力的探索和使用是立足本职工作，服务企业发展、社会进步和国家富强的基础。新时代的大学生要将所学贡献于国家发展的大局中，作出自己应有的贡献。在知识经济时代，学习能力是最重要的，因为知识总是在更新，只有不断学习才能跟上时代的步伐。

【生涯计划】

　　（1）从他人眼中获得对自我形象的了解是非常有益的。你可以试着问他人（至少 10人）一个问题：我在你眼里有什么特点？将他人的回答进行总结并记录下来，形成对自我的描述。

_____

_____

　　（2）通过这个练习，你对自己有什么新的发现和认识？

_____

_____

_____

【案例分享】

　　日常跟毕业生聊天常听到这些话："老师，我天生内向，在公众场合连话都说不出来，更别提演讲了。""老师，我性格太直，不擅长与别人沟通。""老师，我觉得之所以跟他相处不好，就是因为性格不合。""老师，我是处女座，确实有点钻牛角尖。"这些真的是性格的问题吗？性格决定命运吗？

　　毕业生小王所在公司因业务变化，所有销售人员都要转型去做线上运营。小王做了三年销售，对销售技能、流程已经非常熟练。现在被安排到新的岗位，意味着积攒多年的经验派不上用场了，但他又不想离开，怎么办？

　　两个故事听上去关系不大，其实讲了一个道理：在日新月异的今天，个人职业会变化，职业生涯规划亦要适时调整。

　　小李今年上大学三年级，最近他为择业犯了愁。室友帮他列了一份 A 公司与 B 公司的优势和劣势清单，并极力说服小李选择 A 公司。室友觉得 A 公司福利待遇好、稳定、离家近。最后，小李却选择了 B 公司，因为他觉得 B 公司才是自己想要的。

　　同一件事情对不同的人有不同的价值，职业也是如此。价值理念是我们择业时的内在标准。每个人都有自己的价值理念，但每个人并不一定都清晰自己的价值理念。

第三章　提高职业素养 促进个人职业发展

第一节　有效管理时间

一、时间管理的概念

时间对于每个人来说，虽说是免费的，但也是最为宝贵的。

一天24小时，一年365天，每个人的时间虽然相同，但支配时间的能力各不相同。一般人会按照自己每天的生活习惯和既定的生物钟来安排自己的作息及处理事情的顺序，再加上每个人的精力和时间都有限，所以人们利用时间的效率差距因此而拉开。每个人的潜力不一样，思维决策能力也不一样，于是就出现了业余时间管理的差别、精力管理的差别，以及碎片化时间管理的差别。

时间管理技能被称为当今职业人的三大核心技能之一，是一个人职业化素养的重要体现。时间管理的目的就是用技巧、技术和工具帮助人们完成工作，实现目标。时间管理并不是要把所有事情做完，而是更有效地运用时间。时间管理除了要决定应该做什么事情之外，还包括决定不应该做什么事情。时间管理不是完全的掌控，而是降低变动性。时间管理最重要的是通过事先的规划，对学习和工作等起到提醒与指引的作用。时间管理是大学生需要注意学习的非常重要的技能，如何管理自己的时间决定着大学生活的成败。

二、时间管理的方法

人的一生有两个最大的财富是才华和时间。才华越来越多，但是时间越来越少，人的一生可以说是用时间来换取才华。如果时间一天天过去了，而才华没有增加，那就是虚度了时光。所以，大学生必须有效地利用时间、管理好时间。如何有效地利用时间呢？以下方法可供借鉴。

（一）兴趣目标

做自己真正感兴趣、与自己人生目标一致的事情。通常来说，一个人的"生产力"与其兴趣有着直接的关系，而且这种关系还不是单纯的线性关系。如果面对自己没有兴趣的事情，可能会花40%的时间，但只能产生20%的效果；如果遇到自己感兴趣的事情，可能会花100%的时间，却能产生200%的效果。要在工作上奋发图强，身体健康固然重要，但是真正能改变人的状态的关键是心理而不是生理。找到自己感兴趣的事情并投入其中，能产生事半功倍的效果。

（二）统计时间

统计自己的时间是如何安排的。选一个星期，每天每 30 分钟记录一次自己正在做的事情，然后做一个分类（如读书、准备考试、和朋友聊天、社团活动等）和统计。在一周结束后，分析一下自己什么方面花了太多的时间，这周的时间如何可以更有效地安排，有没有哪项活动时间占太大的比例，有没有方法可以提高效率，下周遇到同样的情况该如何处理才能花更少的时间。

（三）零散时间

使用时间碎片和"死时间"。如果做了上面的时间统计，就一定能发现每天有很多时间可以利用。例如，等车、排队时，可以背单词、复习等。无论自己忙还是不忙，都要先把那些可以利用时间碎片做的事准备好，等有零散时间的时候再有计划地拿出来做。

（四）要事为先

在学习和生活中每天都有干不完的事，可以把所有的事情按轻重缓急分类，先办又急又重要的事情，但要理解急事不等于重要的事，一定要注意不要成为急事的奴隶。有些紧急但不重要的事情，要学会放弃，这样才能确保自己不会成为急事的奴隶。

（五）二八原则

如果能够高效地利用时间，只要 20% 的时间投入就能产生 80% 的效率；相反，如果不能高效地利用时间，80% 的时间投入只能产生 20% 的效率。一天头脑最清楚的时候，应该做最需要专心的事。要把一天中 20% 的最高效时间（有些人是早晨，也有些人是下午和晚上；除了时间之外，还要看当时的状态，如休息是否足够等）专门用于最困难的科目和最需要思考的事情上。许多大学生喜欢熬夜，但是晚睡会伤身，所以还是要尽量早睡早起。

三、大学生时间管理能力的培养

（一）设立明确目标

个人时间管理的目的是在最短时间内实现更多想要实现的目标。可把本年度 4～10 个目标写出来，找出一个核心目标，并依重要性排序，然后依照目标设定一些详细的计划，关键就是要依照计划进行。

（二）学会列清单

要列一张总清单，把本年度所要做的每一件事情都列出来，并进行目标切割。

（1）将年度目标分割为季度目标，列出清单，写明每一季度要做哪些事情。

（2）将季度目标分割为月目标，并在每月初重新再列一遍，碰到有突发事件而更改目标的情形要及时调整过来。

（3）每一个星期天，把下周要完成的每件事情列出来。

（4）每天晚上把第二天要做的事情列出来。

生活中肯定会有一些突发困扰和迫不及待要解决的问题，如果发现天天都在处理这些事情，那就表示自己的时间管理并不理想。成功者花最多时间在做最重要的事，而不是最紧急的事，然而一般人都是做紧急但不重要的事。有效进行时间管理的人，总是确保最关键的20%的活动具有最高的优先级。时间管理矩阵见表3-1。

表 3-1　时间管理矩阵

	紧急	不紧急
重要	立刻处理	根据自己的愿景和价值来组织这些活动
不重要	不要把所有紧急的事都视为重要的事——好好选择并加以评估	尽量减少或予以剔除

因此，大学生需要学会合理分配时间，避免将时间花在琐碎的多数问题上，否则就算花了80%的时间，也只能取得20%的成效。应该将时间花在重要的少数问题上，掌握重点可以让工作计划不至于出现偏差。掌握了这些重要的少数问题，只需花20%的时间，即可取得80%的成效。

（三）安排不被干扰时间

每天至少要有半小时到一小时的不被干扰时间。假如一个人能有一小时完全不受任何人干扰，关在自己的房间里面，思考一些事情，或是做一些自己认为最重要的事情，这一小时就可以抵一天的工作效率，甚至有时候这一小时比三天的工作效率还要高。

（四）要与自己的价值观相吻合，不可以互相矛盾

一定要确立个人的价值观，如果价值观不明确，就很难知道什么对自己最重要。价值观不明确，时间分配一定做不好。永远没有时间做每件事，但永远有时间做对自己来说最重要的事。

（五）要提高做事效率

必须思考要做好一份工作，到底哪几件事情对自己来说是最有效率的，把它们列出来，并分配时间做好。时间管理的最终目的是结果，结果=时间长度×效率，单纯去强调在一个事件上投入大量的时间没有意义，而效率的作用怎么强调都不为过。

（六）要充分地授权

列出目前生活中所有觉得可以授权给别人的事情，把它们写下来，然后找到适当的人进行授权，这样效率会比较高。

（七）同一类的事情最好一次做完

假如在做纸上作业，那段时间就都做纸上作业；假如在思考，那么用一段时间只作思考。如果重复做一件事情，就会熟能生巧，效率也一定会提高。

（八）做好"时间日志"

花了多少时间在哪些事情上，把它们详细地记录下来。每天从起床开始，一直到晚上洗澡睡觉，把每天花的时间一一记录下来，做了哪些事，浪费了哪些时间。只有找到浪费时间的根源，才有办法改变。

（九）严格规定完成期限

巴金森（Parkinson）在其所著的《巴金森法则》中写道："你有多少时间完成工作，工作就会自动变成需要那么多时间。"如果一个人有一整天的时间可以做某项工作，就会花一天的时间去做它，而如果只有一小时的时间可以做这项工作，就会更迅速有效地在一小时内做完它。

四、时间管理的误区

（一）时间管理就是在有限的时间内完成更多的事情，提高效率

时间管理做得好不好，并不在于任务完成了多少、是否全部完成，而在于完成的事情是否与目标相一致。目标的一致性是衡量行动价值的关键因素，也是时间价值的决定性因素。

对于时间管理来说，质量的价值是高于数量的价值的。大学生要走出单位时间内做更多事情的误区，不要自欺欺人地让自己忙得不可开交，而要多去完成有价值的工作。

（二）时间管理一定要完全准备好了再开始行动

是马上行动还是详细计划后再行动，并不是一成不变的。对于简单的、熟悉的、日常的事情，一般可以马上行动，因为即使不做计划，也早已成竹在胸了。对于复杂的、陌生的，从来没有接触过，需要创新的事情，往往需要先计划和准备，然后执行，这样可以避免走弯路或者做错。但是，并不一定要完全准备好后再行动。有很多时候，要遵循先完成、再完美的原则，先做起来，避免拖延，在过程中逐渐完善，或者在完成后进行迭代。

（三）时间管理就是要让自己时刻像机器人一样按照计划执行

是否需要按照计划严格执行，取决于工作的类型。像机器人一样按部就班地做事虽然无趣，却也是一种高效的方式。工业革命效率的提升，除了使用机器外，很重要的一点是标准化生产。所以说，例行性工作按照计划执行是高效的，如工厂中工人的生产，快递员、外卖员的配送等。非例行工作，特别是一些创新性工作，是无法严格按照计划去执行的，往往需要给自己留一点机动时间，或者调整计划。好的时间管理是规划性和灵活性相结合。

（四）只有大忙人才需要时间管理，有足够时间就不需要

大忙人当然需要时间管理，因为事情多，时间不够用，需要做好规划，做重要的事情，授权一些比较重要的事情，放弃一些不重要的事情。

其实，不忙的人也是需要时间管理的。想想一个人为什么不忙呢？因为事情少，为什么事情少呢？因为他不知道自己要做什么，也就是缺少目标。

所以说，忙的人时间管理的核心是：把事情按重要性分类排出优先级，提高做事的效率等。不忙的人时间管理的核心是：树立目标，找到自己要做的事情，把自己的时间用到有意义的事情上面。

【自我训练】

时间管理工具

1. 训练目的

提高时间利用效率。

2. 训练步骤及说明

用"二八原则"分配时间，"二八原则"也叫"帕累托法则"，其一般工作步骤如下。

第一步，列出事项清单。

第二步，工作价值分类（分价值80%的工作和价值20%的工作两类）。

第三步，分配时间和精力。

【生涯计划】

制订时间管理计划

用文字或图表等形式制订你未来一年的时间管理计划。

_____

_____

_____

_____

_____

第二节　建立良好的人际关系

一、人际关系的重要性

（一）好的人际关系能够影响信息的获取

信息时代，谁能先人一步获取准确、有价值的信息，谁就会掌握工作和竞争的主动权。那些能够领先一步抓住机会的人，通常是因为他们能比周围的人更早地获取有价值的信息。良好的人际关系可以拓宽自己的信息获取渠道，让自己在职场中有更多的机会同他人实现资源共享，从而获得比别人更多、更有价值的信息，当然，也包括那些无法

公开的内部信息。

（二）好的人际关系能够提高沟通的效率

现代企业的一个最大特点就是高度协同化，如生产企业，无论是上游的供应商还是下游的客户，所有的工作推进都需要合作伙伴间高效率的协作。在企业内部，各个部门间、各个团队间、组织成员间同样需要高效率的合作，而每一个环节的协作过程都离不开"人"这个要素。有人的存在，就不可避免地产生沟通活动，能否有效处理与合作对象的人际关系，直接影响到沟通的效率，进而影响到工作的结果。

（三）好的人际关系能够拓展事业的广度

每个人的阅历不同，成长背景不同，眼界和能力也存在差异，只有与别人进行沟通、交流，实现资源的共享，才能更大程度地增加自己的资源，拓展事业的广度。好的人际关系能够帮助自己积累更多的人脉资源、获得更多的稀缺资源，增加自己的职场竞争力。

二、人际交往的原则

（一）相互性原则

人际关系的基础是彼此间的相互重视与支持。任何个体都不会无缘无故地接纳他人。喜欢是有前提的，相互性就是前提，人们喜欢那些也喜欢自己的人。人际交往中的接近与疏远、喜欢与不喜欢是相互的。

（二）交换性原则

人际交往是一个社会交换过程。交换的原则是：个体期待人际交往对自己是有价值的，即在交往过程中的得大于失，至少等于失。人际交往是双方根据自己的价值观进行选择的结果。

（三）自我价值保护原则

自我价值是个体对自身价值的意识与评价。自我价值保护是一种自我支持倾向的心理活动，其目的是防止自我价值受到否定和贬低，因此个体对他人评价极其敏感。对肯定自我价值的他人，个体对其认同和接纳，并予以肯定与支持，而对否定自我价值的他人则予以疏离，此时可能激活个体的自我价值保护。

（四）平等原则

在人际交往中总要有一定的付出或投入，交往双方的需要和这种需要的满足程度必须是平等的，平等是建立人际关系的前提。人际交往作为人们之间的心理沟通，是主动的、相互的、有来有往的。人都有友爱和受人尊敬的需要，都希望得到别人的平等对待，人的这种需要就是平等的需要。

（五）相容原则

相容是指人际交往中的心理相容，即指人与人之间的融洽关系，以及与人相处时的容纳、包涵、宽容及忍让。要做到心理相容，应注意增加交往频率，寻找共同点，做到谦虚和宽容。为人处世要心胸开阔，宽以待人。要体谅他人，遇事多为别人着想，即使别人犯了错误或冒犯了自己，也不要斤斤计较，以免因小失大，伤害相互之间的感情。只要干事业、团结有力，做出一些让步是值得的。

（六）信用原则

信用是指一个人诚实、不欺骗、遵守诺言，从而取得他人的信任。人离不开交往，交往离不开信用。要做到说话算数，不轻许诺言。与人交往时要热情友好、以诚相待、不卑不亢，端庄而不过于矜持，谦逊而不矫饰作伪。要充分显示自己的自信心，一个有自信心的人，才可能取得别人的信赖。做事果断、富有主见、精神饱满、充满自信的人就容易激发别人的交往动机，博取别人的信任，产生使人乐于与自己交往的魅力。

（七）理解原则

理解主要是指体察了解别人的需要，明晰他人言行的动机和意义，并帮助和促成他人合理需要的满足，对他人生活和言行的有价值部分给予鼓励、支持和认可。

上述人际交往的基本原则，是处理人际关系不可分割的几个方面。运用和掌握这些原则，是处理好人际关系的基本条件。

三、人际关系管理的方法

（一）摆正自己的心态

出色的人有很多，不够出色的人也有很多。不必去羡慕或嫉妒那些比自己强的人，也不要瞧不起那些比自己差的人。好的心态无论在什么时候、什么场合都是非常需要的，特别是在非常得意和非常失意的时候。一个人的心态会通过其肢体语言表达出来，周围的人也会通过他的反应来给他定位。

（二）要有颗诚恳的心

对人真诚善良是不会缺少朋友的。当别人向自己求助时，能够帮上忙的一定要尽力而为。即使身边的一些朋友不是自己所喜欢的，也要一视同仁。当然，诚恳不是说要做老好人、不懂得拒绝别人不合理的要求，而是不必过于委屈自己，只是在别人需要帮助的时候，尽自己的一份力就好。

（三）讲究信用

要"言必行，行必果"，答应做到的事情不管有多难，都要千方百计、不遗余力地办到。如果经再三努力都没有办到，则应诚恳地说明原因，不能有凑合、应付的思想。

守信用者能交真朋友、好朋友，不守信用者只能交一时的朋友或终将被抛弃。坚持信用原则，要做到有约按时到，借物按时还，不胡乱猜疑，不轻易许诺，不信口开河。

（四）宽容大度

大学生个性较强，接触密切，不可避免地会产生矛盾，这就要求大学生在交往中不要斤斤计较，而要谦让大度，克制忍让，不计较对方的态度和言辞，并勇于承担自己的行为责任，做到"宰相肚里能撑船"。宽容与克制并不是软弱、怯懦的表现。相反，它是有度量的表现，是建立良好人际关系的润滑剂。

（五）人际关系的影响因素、过程和测量

人际关系是社会关系的一个侧面，其外延很广，包括朋友关系、夫妻关系、亲子关系、同学关系、师生关系、同事关系等。它受生产关系的决定和政治关系的制约，是社会关系中较低级的关系。同时，它又渗透到社会关系的各个方面之中，是社会关系的"横断面"，因而又反过来影响社会关系。它对群体内聚力的大小、心理环境的好坏有直接的重要作用。

人际关系的形成包含认知、情感和行为三种心理因素的作用。认知因素包括对他人和自我的认知，是人际知觉的结果。情感因素是指交往双方相互间在情绪上的好恶程度及对交往现状的满意程度，还包括情绪的敏感性及对他人、对自我成功感的评价态度等。行为因素主要包括活动的结果、活动和举止的风度、表情、手势以及言语，即所能测定与记载的一切量值。在这三种因素中，情感因素起着主导作用，制约着人际关系的亲密程度、深浅程度和稳定程度。可见，情感的相互依存关系是人际关系的特征。一般来说，在正式组织关系中，行为因素是调节人际关系的主导因素；在非正式组织关系中，情感因素承担着主要的调节功能。

1. 影响因素

和谐的人际关系有利于满足人们心理和交往的需要，有利于发挥人们的积极性和创造性。影响人际关系密切程度的因素如下。

1）距离远近

人与人之间在地理位置上越接近，越容易发生人际交互关系，相互建立紧密的联系。

2）交往频率

相互交往、接触次数越多，越容易形成密切关系。

3）观念的相似性

人与人之间有着共同理想、信念、价值观和人生观，对某些问题的看法、观点相同或相似，则比较容易形成密切关系。

4）兴趣爱好的一致性

兴趣爱好相同的人在一起不仅有共同语言，而且谈话投机，彼此可以从对方得到教益和启发，因而容易形成密切的人际关系。

2. 过程

人际关系的建立与发展过程，实际上是一个情感卷入和交往由浅入深的过程。在这个过程中，交往双方通过采用自我暴露的方式来增加相互间的接纳性和信任感。自我暴露水平越高，表明人际关系交往水平越深。

根据交往双方的情感卷入水平、自我暴露水平的不同，奥尔特曼认为良好的人际关系的建立和发展需要经历四个阶段，分别为定向阶段、情感探索阶段、感情交流阶段和稳定交往阶段。

1）定向阶段

定向阶段包括对交往对象的注意、选择和初步沟通等心理活动。

2）情感探索阶段

随着双方共同情感领域的发现，双方的沟通也越来越广泛，自我暴露的深度与广度也逐渐增加。人们的话题仍避免触及别人私密性的领域，自我暴露也不涉及自己基本的方面。

3）感情交流阶段

人际关系发展到这个阶段，双方关系的性质开始出现实质性变化，此时的人际关系的安全感已经确立，谈话也开始广泛涉及自己的许多方面，有较深的情感卷入。

4）稳定交往阶段

人们心理上的相容性会进一步增加，自我暴露也更加广泛、深刻，可以允许对方进入自己高度私密性的个人领域，分享自己的生活空间和财产。

3. 测量

人际关系与社会文化及人们的社会角色有着密切的联系，心理学研究者们一直在探索如何科学和系统地测量人际关系。以下是一些测量人际关系的方法。

1）社会测量法

测量人际关系常用的是心理学家莫里诺1934年提出的社会测量法。社会测量法是一种测量团体（特别是小团体）内成员之间人际关系和人际相互作用模式的方法。社会测量法的基本假设是团体内部存在不同程度的相互作用，使得各个成员在不同程度的积极与消极人际情感的基础上形成一种非正式组织，这种相互偏爱和疏远的关系会对团体的士气和效率产生显著的影响。

2）参照测量法

参照测量法是心理学家彼得罗夫斯基创立的方法，这是一种测量出群体最能发挥作用和最有影响力任务的一种方法，它从个性品质、行为方式和意见、目标方式方面揭示对被测量个体均有意义的权威人物，即把一个人所属的群体内部潜藏的参照体系揭示出来。与社会测量法相比，参照测量法具有更为丰富的群体分化特征和群体中人际关系的价值标准，而不仅仅局限于好恶感。

3）贝尔斯测量法

心理学家贝尔斯在1950年创立了一种分析群体内人际关系的方法。他根据相互作用理论提出社会行为分类理论，把相互作用的类型划分为最小到可以作为实验观察的单位，认为只要考察人们的相互作用的全过程，就能测量出群体内人际关系的性质。他将人的相互作用的变量划分为 4 类 12 项：

肯定情感：支持情感、表示满意和和睦。

否定情感：反对和贬低、表示不满和不和睦。

提出问题：询问资料、征求建议和请求指示。

解决问题：提供资料、表达意见和给予指导。

【自我训练】

自我管理技能探索

1．训练目的

掌握自我管理的技巧。

2．训练说明

（1）以班级为单位，将全体学生分为若干个小组，每个小组以 6～10 人为宜。

（2）以小组为单位，各组讨论自我管理的技巧。例如，某小组成员讨论控制住自己的负面情绪是自我管理的技巧，具体做法是，在生活中需要有意识地保持冷静，可以用便利贴提醒自己，也可以在手机上录制提醒标签。

【学习感悟】

改善和周围人的关系

学会换位思考，站在别人的立场上体会、感受情绪可以改善人际关系。你还有哪些改善和周围人关系的技巧？

_____

_____

_____

第三节　建立正向沟通模式

一、高效沟通

（一）沟通概述

沟通是指信息凭借一定的符号载体，在个体或群体间进行传递，并获取理解的过程。沟通的内涵是信息的传递和理解。

沟通是一个过程，沟通的完整过程如图 3-1 所示。

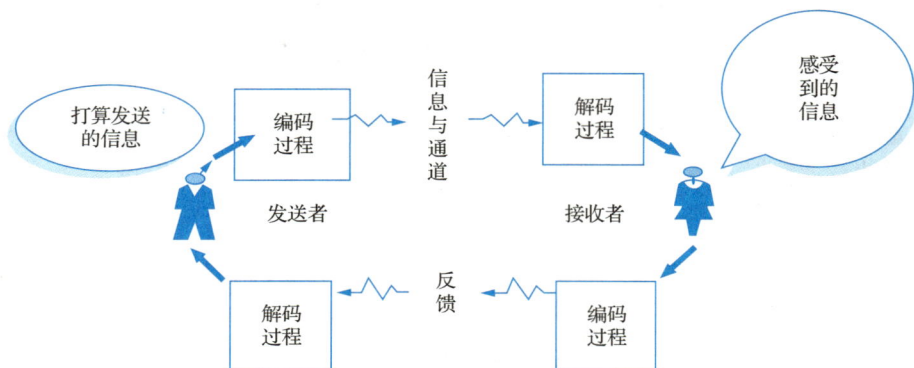

图 3-1　沟通的完整过程

从沟通的过程可以看出，人与人之间的沟通，不是简单的信息传递，而是通过信息载体，使沟通双方获得一致的信息和感受。信息在沟通传递过程中，是不能完全为对方所理解和把握的，而是受信息接收方的主观因素影响而减少。沟通过程中的信息递减规律称为"沟通的漏斗"，如图 3-2 所示。

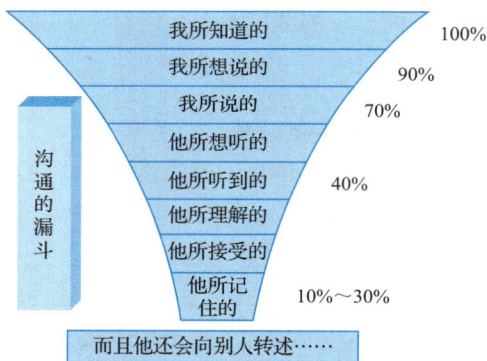

图 3-2　沟通过程中信息传递规律

"沟通的漏斗"不但形象地阐明了沟通信息减少的影响因素，也有助于理解不可能要求信息接收方对信息接收完全并理解。因此，要想提高沟通效率，改善沟通效果，除了要提高自我表达能力外，还要重点了解对方及其沟通特点，这是努力的方向。关于沟通，还有一个著名的"7、38、55 法则"：一个人决定要不要接受另外一个人所说的话，有 7%来自对方所说的内容（是否易懂），有 38%来自对方说话的声音和语调（是否好听），有 55%来自对方的外形和肢体语言（是否顺眼）。也就是说，有效沟通中信息的理解与判断的依据，有 7%是说话的内容，有 38%是说话的语调，有 55%是外形与肢体语言。因此，有效沟通离不开听、看、问、说四个方面。在沟通时，应尽量提高内容、声音、肢体动作的一致性，以增强沟通效果。

（二）有效沟通的基本原则

1. 目的性

有明确的沟通目标，重视沟通的准备和计划，注意时机、策略和细节，通过简洁而灵活的方式，才能达到沟通的预期目标。

2. 及时性

信息具有时效性，信息只有得到及时反馈才有价值。在沟通时，不论是向下传达信息还是向上提供信息，或者与横向部门沟通信息，都应遵循及时性原则。遵循这一原则可以使自己容易得到各方的理解和支持，同时可以迅速地了解他人的思想和态度。在实际工作中，沟通常因信息传递不及时或接收者重视不够等原因而使沟通效果大打折扣。

3. 准确性

所传递的信息必须全面完整、准确无误，所用的语言和方式应能为对方所理解，不被对方断章取义或误解。

（三）沟通的种类

根据信息载体的不同，沟通可以分为言语沟通和非言语沟通。言语沟通建立在语言文字基础上，又可分为口头沟通和书面沟通两种。

1. 口头沟通

绝大部分的信息是通过口头传递的。口头沟通方式十分灵活多样，它既可以是两人间的娓娓深谈，也可以是群体中的雄辩舌战；既可以是正式的磋商，也可以是非正式的聊天。

优点：信息可在最短时间内被传送，并在最短时间内得到对方回复。如果接收者对信息有疑问，及时进行反馈可使发送者及时检查其中不够明确的地方并进行改正。

缺点：信息在传送者的一段段接力式传送过程中，存在巨大的信息失真可能性。每个人都以自己的偏好增删信息，以自己的方式诠释信息，当信息经过多人接力式传送到达终点时，其内容可能会与最初的含义存在较大的偏差。

2. 书面沟通

书面沟通就是要先确定想要表达的主要意思，然后用合适的方式将它表达出来。不管使用何种书面沟通方式，都要保证表达能够被理解。

优点：能够有形展示、长期保存，可以作为法律依据，对于复杂或长期的沟通来说，这点尤为重要；同时，由于要把想表达的内容写出来，可以促使人们更加认真地思考信息，因此书面沟通较口头沟通显得更加周密、条理清晰。

缺点：相对于口头沟通而言，书面沟通耗费时间较长，不能及时提供信息反馈，无法确保所发出的信息能够被接收到。

3. 非语言沟通

非语言沟通是指通过某些媒介而不是讲话或文字来传递信息。非语言沟通的内涵十分丰富，包括副语言沟通、身体语言沟通和物体的操纵信息沟通等多种形式。

1）副语言沟通

一句话的真正含义，很多时候不仅取决于其表面意思，而且取决于它的弦外之音。因而，副语言分为口语中的副语言和书面语中的副语言：口语中的副语言是通过非语言的声音，如重音、声调的变化、哭、笑、停顿来实现的；书面语中的副语言是通过字体变换、标点符号的特殊运用以及印刷艺术的运用来实现的，如某几个字加着重号或用黑体强调。

2）身体语言沟通

身体语言沟通是指用形体语言（目光、表情、手势、动作）、空间距离、衣着打扮等形式来传递或表达沟通信息。

3）物体的操纵信息沟通

除了运用身体语言之外，人们也能通过物体的运用、环境布置等手段进行非语言的沟通。

二、培养沟通能力

只有将语言沟通和非语言沟通的技巧有机地结合起来，并在实际沟通中最大化地加以运用，才能切实提高沟通能力。

（一）注意运用语言的艺术

语言艺术运用得好，就能吸引和抓住对方，调动彼此倾谈的激情、兴趣。相反，如果不注意语言艺术，往往在无意间就出口伤人，产生或激化矛盾。掌握人际沟通的语言艺术的方法有以下四种。

1. 称呼得体

称呼反映出人们之间心理关系的程度。恰当得体的称呼能使人获得一种心理满足，使对方感到亲切，交往便有了良好的心理气氛；称呼不得体，往往会引起对方的不快甚至反感，使交往受阻或中断。所以，在交往过程中，要根据对方的年龄、身份、职业等具体情况及交往的场合、双方关系的亲疏远近来决定对对方的称呼。对长辈的称呼要尊敬，对同辈的称呼要亲切、友好，对关系密切的人可直呼其名，对不熟悉的人要用敬词。

2. 说话注意礼貌

正确运用语言，表达清楚、生动、准确、有感染力、逻辑性强，少用俚语和方言，切忌滥用辞藻，含含糊糊；语音、语调、语速要恰当，要根据谈话的内容和场合，采取相应的语音、语调和语速；讲笑话要注意对象、场合、分寸，以免笑话讲得不得体，伤害他人的自尊心或者造成尴尬的局面。

3. 适度地称赞对方

每个人都希望别人赞美自己的优点。如果能够发掘对方的优点并对其进行赞美，对方就会很愿意与自己多沟通。但是赞美要适度，要真诚，要有具体的内容，绝不能曲意逢迎、盲目奉承。

4. 避免争论

年轻人喜欢争论，但争论往往是在互不服输、面红耳赤、不愉快甚至演化成直接的人身攻击或在严重的敌意中结束，这对人际关系的有害影响是显而易见的。因此，大学生要尽量避免争论，要通过讨论、协商的途径解决分歧。最终要以求同存异的方式，既表明必要的原则性，又不伤害彼此的友谊，不强加于人，相互有保留的余地。

（二）非语言沟通技巧

1. 恰当运用面部表情

非语言沟通在日常活动的沟通中占有重要的位置。在日常沟通中，语言沟通仅仅占7%，高达93%的沟通是非语言的，其中55%是通过面部表情、形体姿态和手势传递的，38%是通过音调传递的。面部表情是内心情绪的外在表现，能表达人的态度和情感，如眉飞色舞表示内心高兴，怒目圆睁表示愤怒等。在人际交往中根据谈话的内容和场合，正确运用非语言艺术，巧妙地表达自己的思想感情，有时能起到"此时无声胜有声"的作用。但非语言艺术要运用得恰到好处，不可过于频繁和夸张，以免给人矫揉造作之感。

2. 学会有效地聆听

倾听是维持人际关系的有效法宝，几乎所有的人都喜欢听自己讲话的人。在沟通时，作为听者要少讲多听，不要打断对方的谈话，最好不要插话，要等对方讲完之后再发表自己的见解；要尽量表现出聆听的兴趣和恰如其分的肯定和称赞。听别人讲话时，要正视对方，切忌小动作，以免对方认为自己不耐烦；力求在对方的角色上设身处地考虑问题，对对方表示关心、理解和同情；不要轻易与对方争论或妄加评论。

3. 选择正确的距离

人际交往的空间距离不是固定不变的，而是具有一定的伸缩性，这依赖于具体情境，如交谈双方的关系、社会地位、文化背景、性格特征、心境等。不同国家、不同民族，文化背景不同，交往距离也不同。这种差异是由对"自我"的理解不同造成的。社会地位不同，交往的自我空间距离也有差异。了解交往中人们所需的自我空间及适当的交往距离，就能有意识地选择与人交往的最佳距离。而且，通过空间距离的信息，还可以很好地了解一个人的实际的社会地位、性格以及人们之间的相互关系，更好地进行人际交往。

（三）掌握沟通的技巧

真正有效的信息沟通并非一日之功，下列技巧有助于提高沟通能力，解决信息沟通中的难题，使沟通更富成效。

1. 培养有效的聆听习惯

人与人之间的交流充满变数，既复杂又具有挑战性。换位思考是成功交流的一个关键因素。聆听，但不要受他人情绪的感染。他人有难处时，应设身处地理解他人，但不能为这种情感左右。必须为自己留一份精力去做自己的事。记住，不要做一块海绵，不论好坏什么都吸收。

2. 反馈

一般来说，反馈是事实和情感因素的结合。交流中的实质信息和关系信息很容易给人带来误解，从而招致不满。因此，在提供反馈意见时，应强调客观公正，不要妄作评判或横加指责。听取别人的反馈时，则要抓住其中对自己有价值的东西，不要计较对方的身份和交流的方式，做到言者无罪，闻者足戒。

3. 诚实

诚实是人与人沟通时最基本、最重要的品质，虽然有时实话实说很伤人，但忠言逆耳，诚实的品质最终能帮助人们建立稳固长久的关系。因此，诚实非常重要。如果在与人的交往中有什么困扰，尽量直接说出来，以免小事变大，到头来更难处理。

4. 果断决策

当自己疲惫不堪、心中烦恼或忙得无法分身时，要坦然地说出来，另外找一个时间，使自己处于最佳状态时再来处理事务。如果优柔寡断、迟疑不决，则可采用以下步骤补救：回顾所有事实；反复过滤各种可行方案；选择最佳方式，哪怕这意味着自己要多受点委屈；一旦决策，立即行动。

5. 不必耿耿于怀

如果在交流中出现失误，让自己失望或受到伤害，不要放在心上。不妨问一下自己，想不想背上这个包袱？自己能从中得到什么？一旦尽心尽力地澄清了交流中出现的失误，就要为自己付出的努力骄傲，该过去的就让它过去。

【自我训练】

解 手 链

1. 训练目的

体会个人能力无法解决问题的时候，或当一个环节出现问题的时候，从全局角度出发去解决它。

2. 训练步骤及说明

（1）将全体学生分成若干个小组，每组学生站着围成一个圆圈。

（2）每个学生先用自己的右手握住左手边那个人的左手，再用自己的左手握住右手边那个人的右手，这样每个人都是双手交叉且手拉着手的状态。在不松开彼此的手的情况下，通过转动身体等动作，做到不交叉的正常的手拉手状态。

3. 训练感受

你开始的感觉怎样？是否感觉思路混乱？当解开一点以后，你的想法是否发生变化？问题解决以后，你是否感觉很开心？

【学习感悟】

沟通中遇到的问题及反思

回忆你最近遇到的与人沟通时间最长的一件事，总结并写出你在沟通中遇到的问题，以及你是如何反思的。

_____

_____

_____

_____

第四节 培养团队合作能力

一、团队合作的功能

以团队为基础的工作方式可以提高团队成员的职业道德水平，团队力量的发挥是组织赢得竞争的必要条件，团队精神可以使组织保持活力、焕发青春，积极进取。所谓团队精神，简单来说就是大局意识、协作精神和服务精神的集中体现。团队精神要求有统一的奋斗目标或价值观，而且需要相互信赖，需要适度的引导和协调，需要正确而统一的企业文化理念的传递和灌输。团队精神强调的是团队成员间的合作态度，为了一个统一的目标，团队成员自觉地认同肩负的责任并愿意为此目标共同奉献。团队合作所体现的主要是团队精神，其功能如下。

（一）目标导向功能

培养团队精神，能够使团队成员齐心协力，拧成一股绳，朝着一个目标努力。对单个成员来说，团队要达到的目标即是自己所努力的方向，团队整体的目标顺势分解成各个小目标，在每个团队成员身上得到落实。

（二）凝聚功能

任何组织群体都需要一种凝聚力，传统的管理方法是通过组织系统自上而下的行政指令，淡化了个人感情和社会心理等方面的需求，而团队精神则通过对群体意识的培养，通过团队成员在长期的实践中形成的习惯、信仰、动机、兴趣等文化心理，来沟通人们的思想，引导人们产生共同的使命感、归属感和认同感，并反过来逐渐强化团队精神，产生一种强大的凝聚力。

（三）激励功能

团队精神要求团队成员自觉地要求进步，力争向团队中最优秀的员工看齐。通过团队成员之间正常的竞争可以实现激励功能，而且这种激励不是单纯的物质奖励，还包括得到团队的认可，获得团队中其他团队成员的尊敬。

（四）控制功能

团队成员的个体行为需要控制，群体行为也需要协调。团队精神所产生的控制功能，是通过团队内部所形成的一种观念的力量、氛围的影响，去约束、规范、控制团队成员的个体行为。这种控制不是自上而下的硬性强制力量，而是由硬性控制向软性内化控制；由控制员工行为转向控制团队成员的意识；由控制员工的短期行为转向对其价值观和长期目标的控制。因此，这种控制更为持久，更有意义，而且容易深入人心。

二、培养团队精神

要培养团队精神，必须注重以下能力和品质的培养。

（一）培养表达与沟通的能力

表达与沟通能力是非常重要的，不论一个人做出了多么优秀的成绩，如果不会表达，不能让更多的人去理解和分享，就都谈不上成功。例如，作为辩论赛的一员，不管是组织者、辩手、评委还是主席，只有注重各团队之间的交流与沟通，注重培养各个小团队精神，才能逐渐上升为大团队精神，才能使整个辩论赛活动圆满成功。

（二）培养主动做事的品格

每一个人都有成功的渴望，但是成功不是等来的，而是靠努力做出来的。任何一个团队的成员都不能被动地等待别人告诉自己应该做什么，而应该主动去了解团队目标要自己做什么，自己想要做什么，然后进行周密规划，并全力以赴地去完成。

（三）培养敬业的品格

团队成员要具有敬业的品质。有敬业精神，才能把团队的事情当成自己的事情，有责任心，才能充分发挥自己的聪明才智。

（四）培养包容与合作的品质

成功的潜在危机是忽视了与人合作或不会与人合作。有些人的动手能力强，点子也不错，但当他的想法与别人的不一致时，就会固执己见，不知如何求同存异；有的团队成员谈到自己的同事时，对同事很挑剔，缺乏客观看待事情的品质。实际上，团队中的每个人都各有长处和短处，关键是团队成员之间以怎样的态度去看待，要能够在平常之中发现别人的美，而不是挑别人的毛病。培养自己求同存异的素质，对培养团队精神尤其重要。这需要我们在日常生活中，培养良好的与人相处的心态，并在日常生活中加以运用。这不仅是培养团队精神的需要，也是获得人生快乐的重要方面。

（五）培养全局意识、大局观念

团队精神不反对个性张扬，但个性必须与团队的行动一致，要有整体意识、全局观念，考虑团队的需要。团队成员要互相帮助，互相照顾，互相配合，为集体的目标而共同努力。所以在工作中，有意识地培养全局观念极为重要。

三、团队合作的技巧

（一）平等友善

与人相处的第一步便是平等。团队中不管是资深的老队员，还是新队员，都需要丢掉不平等的观念，无论是心存自大或心存自卑都是与人相处的大忌。团队成员之间相处具有相近性、长期性、固定性，彼此都有较全面、深刻的了解。真诚相待才能赢得团队成员的信任，信任是联结同事间友谊的纽带，真诚是团队成员间相处共事的基础。即使自己各方面都很优秀，即使认为自己以一个人的力量就能解决眼前的工作，也仍要平等友善地对待对方。

（二）善于交流

知识、能力、经历等差异造成人们在对待和处理事情时，会产生不同的想法。交流是协调的开始，要敢于把自己的想法说出来，并倾听对方的想法，可以这样说："你看这事该怎么办？我想听听你的看法。"

（三）谦虚谨慎

因为谁都在自觉不自觉地维护自己的形象和尊严，所以，对自己要轻描淡写，要学会谦虚谨慎，只有这样，才会受到别人的欢迎。

（四）化解矛盾

一般而言，与人交往时有点小想法、小摩擦、小隔阂，是很正常的事，但千万不要把这种"小不快"演变成"大对立"，甚至成为敌对关系。对别人的行动和成就表示真正的关心，是一种表达尊重与欣赏的方式，也是"化敌为友"的纽带。

（五）接受批评

从批评中寻找积极成分。如果别人对自己的错误大加抨击，即使带有强烈的感情色彩，也不要与之争论不休，而是从积极方面来理解他的抨击。这样，不但对改正错误有帮助，也避免了语言敌对场面的出现。

（六）与团队目标相一致

谈到团队精神的最高境界，就不得不说共同目标。明确的共同目标是产生凝聚力的前提。共同目标是一个有意识地选择并能表达出来的方向，它运用团队成员的能力，促进组织的发展，使团队成员有一种成就感。共同目标能为团队成员提供一个合作和共担责任的焦点。如何让自己向着团队的共同目标前进呢？以下方法可供借鉴。

1. 求同存异

每个人都有自己的想法，有自己的小目标，但是在团队里面，要想具备团队精神，就必须学会求同存异。"同"就是团队的共同目标，要向共同目标靠拢，那是大方向；"异"就是个人的小目标，个人的一些观点和看法，在追求共同目标的时候一定要保持自己的看法，不要随大流。

2. 树立阶段目标

当共同目标与自己的观点差别很大时，要学会树立阶段小目标，分阶段地慢慢向共同目标靠拢。

3. 目标必须是具体的

树立的目标必须是可以衡量的、符合实际的，而且与共同目标有关联性，否则只能挫败自己的自信心。

4. 处理好生活和工作的关系

在处理生活与事业的问题时，关键在于在两者之间找到一个平衡点，并不一定非得牺牲一方成就另一方。在初涉职场时就要做好关于职业和生活的周密规划，将一些突发事件的解决和缓解措施都做到位，同时在发展进程中不断调整和改善。只有未雨绸缪，才能减少生活和工作的冲突问题。

在工作中体现整体目标是非常重要的，只有这样才能保持各个部分之间的协同，才能使团体效率最大化。

【团队训练】

蒙眼排队游戏

1. 训练目标

理解团队和团队精神的内涵，学会沟通和团队合作。

2. 训练过程

（1）把全体学生分成若干小组，其中一组成员到一个空场地围成一个圆圈站好。

（2）指导教师宣布：开始 1 分钟的小组沟通（不能透露任何任务信息）。

（3）沟通时间到了以后，提醒戴眼镜的人摘下眼镜，然后给每个成员分发眼罩。

（4）要求每个成员戴上眼罩，原地转 2 圈。

（5）指导教师分别给每个成员发号码牌（事先准备好），并让成员摘下眼罩确认自己的号码，然后重新戴上眼罩。

（6）指导教师宣布任务：请小组成员在3分钟内，按号码牌的大小顺序排成一排，在排队过程中，不允许发出任何声音。

（7）其他小组成员观察排队结果。

（8）换另外一个小组，重复以上步骤，对比两组的过程和结果。

（9）参与活动者代表与观察者代表分别做总结发言。

【学习感悟】

团队合作经历与反思

团结，是由多种情感聚集在一起而产生的一种精神，团结并不只存在于志同道合的人群中。把你关于团队合作的个人总结、反思分享给身边的人吧。

_____

_____

_____

_____

_____

【价值引领】

沟通能力强的人拥有的三点特质

在生活中，真正情商高的人往往拥有很强的沟通能力。沟通能力决定了情商的高低，如果想要提高自己的情商，就必须提升自己的沟通能力。

沟通能力强的人，往往拥有以下三点特质。

1. 强大的共情能力

共情能力是进入对方世界的能力。对于每个人来说，共情能力才是彼此建立连接的关键。共情能力能够使人们通过沟通和别人发生共鸣。共情能力需要人们全身心地去感受对方真实的需求和心声。如何和对方共情，还需要懂得倾听对方。

真正的情商高手都是懂得倾听的，在人际关系中，他们往往不会急于去表达自我，而是懂得安心、安然地倾听。越懂得专注倾听别人，就越能够抓住对方的需求。

在人际关系沟通中，多倾听、少说，以及放下自我的看法和情绪，共情能力就会慢慢提升，也更能读懂别人的弦外之音。

2. 能够快速地读懂他人的需求

人和人是不同的，但是人的基本属性是相通的，每个人都有自己的需求。在沟通中，需求是建立沟通的开始，也是沟通能够持续的关键。

真正的沟通高手懂得找到彼此的共性和需求，这样才是彼此建立沟通和连接的开始。沟通能力强的人能够懂得人和人的需求点是不一样的。人的需求是分层次的，高层次的人的追求是精神上的，而低层次的人追求的是感官上或者物质上的刺激。

找到对方的内在需求点，往往就能和对方建立合作，更能帮助自己和他人好好相处，形成价值和利益的联盟体。

3. 懂得管理自己的情绪

真正沟通能力强的人，会时刻觉察自己的情绪，通过情绪的觉察，让自己拥有一个较为平静的状态，在这个状态下，才会保持平和的心境。

好的沟通更多来自人们对情绪的驾驭，也来自人们对情绪的了解，更来自人们对情绪的疏通。在和他人沟通时，能够在别人愤怒的时候，看到对方真实的心声，往往对方就会真正安静下来。当别人在抱怨的时候，其实也是请求和寻求帮助的时候。

能看懂他人情绪背后的需求，就不会被别人的情绪所影响，而是通过对对方的深刻察觉，快速进入其内在世界，这样自然就会拥有影响他人的能力。

【自我训练】

人际交往破冰训练

1. 学会赞美

10个人一组，围成圈坐。小组成员轮流坐在中间，向大家介绍自己。其他成员根据自己对介绍者的了解，注视着他，实事求是地赞扬他的优点。句式是："你是一个……的人，我欣赏你的这点。""我喜欢你的……你真棒。"

（1）与小组成员分享别人赞扬自己时的感受。

（2）自己是否发现了这些优点？当别人说出自己没有被发现的优点时，有什么感受？

（3）讨论赞美在人际交往中的作用及赞美的技巧。

2. 兴趣话题的展开

在人际沟通中，我们不要忽视了一点，即满足他人的兴趣。不能只顾自己的喜乐爱好，想怎么说就怎么说。一旦你的兴趣与他人产生冲突，就会给你的社交设置一种障碍。记住：要谈论他人最为重视的事情，谈论别人感兴趣的话题。

两个人一组交流共同感兴趣的话题。

话题一：＿＿＿＿＿＿＿＿＿＿＿＿＿＿＿＿＿＿＿＿＿＿＿＿＿＿＿＿＿＿＿

话题二：＿＿＿＿＿＿＿＿＿＿＿＿＿＿＿＿＿＿＿＿＿＿＿＿＿＿＿＿＿＿＿

谈谈如何找到共同话题？话题切入点是什么？

＿＿＿＿＿＿＿＿＿＿＿＿＿＿＿＿＿＿＿＿＿＿＿＿＿＿＿＿＿＿＿＿＿＿

＿＿＿＿＿＿＿＿＿＿＿＿＿＿＿＿＿＿＿＿＿＿＿＿＿＿＿＿＿＿＿＿＿＿

＿＿＿＿＿＿＿＿＿＿＿＿＿＿＿＿＿＿＿＿＿＿＿＿＿＿＿＿＿＿＿＿＿＿

＿＿＿＿＿＿＿＿＿＿＿＿＿＿＿＿＿＿＿＿＿＿＿＿＿＿＿＿＿＿＿＿＿＿

＿＿＿＿＿＿＿＿＿＿＿＿＿＿＿＿＿＿＿＿＿＿＿＿＿＿＿＿＿＿＿＿＿＿

＿＿＿＿＿＿＿＿＿＿＿＿＿＿＿＿＿＿＿＿＿＿＿＿＿＿＿＿＿＿＿＿＿＿

＿＿＿＿＿＿＿＿＿＿＿＿＿＿＿＿＿＿＿＿＿＿＿＿＿＿＿＿＿＿＿＿＿＿

第四章　培养职业技能　做出合理职业规划

第一节　专　业　能　力

一、专业能力的内涵和重要性

专业能力是指个体具备的职业技能等方面的综合能力，包含专业理论知识、专业实践技能和专业解决问题的能力，是一种显性的外在表现的职业素养。

大学是一个人一生的重要转折点，是把"学习"和"进入社会"这两个阶段衔接起来的重要阶段。当前社会竞争激烈，我国经济发展和就业面临着两个显著变化：一方面是经济的发展需要更多高素质、高技能的人才；另一方面是劳动者就业需要加强综合素质和核心技能的培训，良好的专业能力是进入职业领域的通行证。专业能力是一种普通的、可迁移的、对劳动者的未来发展起关键性作用的能力，是职业人必须具备的职业社会能力之一，也是一种重要的职业素养。当职业发生变动或当劳动组织出现变更时，劳动者具备的这一能力依然有效。专业能力不仅是就业者从事任何一种职业都必须具备的基本能力，而且是职业人才在未来职场竞争中寻求可持续发展所必须拥有的关键能力。

培养大学生专业能力是经济社会迅速发展的需要，也是大学生全面提升自我素质、追求个人更快发展的需要，具体来说包括以下三个方面。

第一，有助于大学生提高以成长力为核心的解决问题的能力，有效解决求学时期出现或遇到的问题，获得学业成功。

第二，有助于大学生顺利解决未来职场所遇到的问题，取得事业成功。无数来自职场的事实证明，大学生动手能力较差，可持续发展的能力较弱，要顺利求职，尽早入职，成功晋职，必须具有顺利解决职业场所、职业活动中遇到问题的能力。

第三，有利于培养和锻炼大学生解决问题的心态、意志和能力，妥善解决人生旅途中面临的问题，打造成功人生。大学生要想将来在社会上占有一席之地，必须有紧迫感，提高自己解决问题的专业能力，夯实就业的基石。

二、大学生提升专业能力的策略

（一）学好理论知识

1. 学好基础知识

如果说大学是一个学习和进步的平台，那么这个平台的地基就是大学里的基础课程。在大学期间，一定要学好基础知识（语文、数学、英语、计算机和互联网的使用，以及专业基础课程）。在科技发展日新月异的今天，应用领域里很多看似高深的技术在几年后就会被新的技术或工具取代。只有对基础知识的学习才可以享用终身。另外，如果没有打下好的基础，大学生也很难真正理解高深的应用技术。

2. 强化专业知识

专业知识是前人通过几千年积累下来的系统化的知识，是大学生学习的宝库，它能够使大学生更加准确和深刻地认识和解释本领域中的各种事物及其发展状态。专业知识引领大学生入门，也是今后大学生专业能力发展的重要推进器。目前大学阶段，是增强专业知识的一个至关重要时期。所学的系统专业学科知识，使大学生更加系统和全面地了解本专业的知识，奠定扎实的专业理论功底，同时也能使大学生在毕业的时候获得从业的准资格，并将在其今后的职业生涯中发挥基础性的作用。大学生应充分认识到专业学科知识对自己未来职业发展的重要意义，抓住每一次学习的机会，坚持学习，善于学习，持续学习，努力培养专业兴趣，积极学习专业领域的基本知识，广泛涉猎专业发展前沿动态，掌握过硬的理论基础和专业知识，并做到融会贯通、举一反三。

（二）提升专业实践技能

专业实践技能是实际从事专业活动表现出来的一系列外部行为方式。专业基础知识可以借助书本和资料学习，但是专业实践技能就必须通过自己的实际操作才能获得。实践是推动认识发展的动力，也是铸造人自身成才的有效途径。经验证明，当人的知识不能回答和解决实践给人提出的新课题时，就会激发人的学习动机。专业实践技能需要在"做"中"学"，需要经过反复操作，才能提升熟练程度，进而达到更高的技能水平，形成自己的技能经验。实践使"教、学、能"融为一体，使学生在完成教学任务中体验"做中学"，在掌握关键知识、关键技能的同时，明确最终要做什么、能做什么。

学校给大学生提供了很多提升专业实践技能的机会，如实训、实习等，大学生要积极投入这些实践活动中，切实锻炼操作技能。例如，要积极参加学校围绕职业能力和工作过程的实际需要而设置的实践训练，尽早体验工作实践，体验完整工作过程的真实情景，逐步实现从学习者到职业人的角色转换；还要积极进入与学校联合办学的企业内实习，体验真实的生产性实训，把工作过程和学习过程统一起来，获取直接的专业知识，形成实际工作能力，养成积极的职业态度，在真实的工作过程中提升实践技能。

（三）培养专业问题解决能力

一定的实践技能可以让人们基本胜任职业工作的一般要求，大学生将来要面对的职业环境，不会仅仅像一条只需操作机械的生产线那样简单。在今后的专业工作中，会发生各种各样的新情况，遭遇各种各样的困难和挑战。问题解决能力在当今的知识经济社会中越来越重要。问题解决能力越强的人，更容易在不断变化和发展的工作世界中立于不败之地。专业问题解决能力的具体表现有：能否及时发现问题，恰当地界定问题；能否运用专业知识和技能分析问题，提出解决方案；能否恰当地选择解决方案并投入行动；能否在解决问题的过程中及时评估和调整解决方案，最终达到问题解决的最佳效果。

大学生要利用学校提供的专业课程教学中的问题情境和模拟演练，重点训练和培养解决问题的能力。所谓问题情境，就是指学生无法通过已有的知识经验直接加以处理，而感到不能理解或束于无策的情形。创设问题情境能够使学生积极思考、主动设计或寻找解答方案，从而解决问题。大学生要积极主动地融入教师精心创设的问题情境中，参与问题的设计、发现、提出和解决的全过程，在发现和解决实际问题的过程中去领悟、总结发现和解决问题的一般方法、思路和技巧，从而达到从特殊到一般，从理论到实践，再从实践中升华的目的。

在课堂教学中，学校还会经常设置模拟演练的教学内容或环节。由于一些专业的情况较为特殊，例如，高职医学专业的学生在临床实习之前很难接触到实际患者，理论知识与临床实践难以有机结合。因此，教师在教学中会设计一些模拟演练的互动内容，让学生在模拟演练中得到提高。比如，可以将班上学生分成若干组，每组 5～6 人，每组由一人模拟某种疾病患者，其他人模拟临床医生，分别向"患者"询问病情、进行病情检查，然后根据询问和检查情况，为患者分析病情，做出诊断，提出治疗意见，并以书面的形式提交给教师，由教师最后进行综合点评。模拟训练是人为营造的环境，大学生要积极参与到模拟训练中，在模拟训练中感受真实的职业氛围，深入学习某一职业必备的知识技能，以及培养解决问题的能力。

第二节　培养积极心态

一、积极主动的内涵和重要性

积极主动（pro-active）这个词最早是由著名心理学家维克多·弗兰克尔（Viktor E. Frankl）推介给大众的。弗兰克尔原本是一位受弗洛伊德心理学派影响颇深的决定论心理学家，他在纳粹集中营里经历了一段凄惨的岁月后，开创出了独具一格的心理学流派。

在过去的工业社会里，每位员工是企业机器里的一个齿轮。因此这些企业最喜欢的人才是：一个有专业知识的、能够埋头苦干的人。然而，今天人们对人才的定义已经发生了很大变化，因为在现代化的企业中，大多数人的工作不再是机械式的重复劳动，而是需要独立思考、自主决策的复杂过程。所以，今天大多数优秀的企业期望的是积极主动、充满热情、灵活自信的人才。要想在现代化的企业中获得成功，就必须努力培养自己的主动意识：在工作中要勇于承担责任，主动为自己设定工作目标，并不断改进方式和方法。此外，还应当培养推销自己的能力，在领导或同事面前要善于表现自己的优点。

积极主动是人类的天性，它不仅强调了人要主动，还代表着人必须为自己负责。个人行为取决于自身，人有能力也有责任创造有利的外在环境。任何习惯都是以积极主动的精神为后盾的。每个习惯都依赖积极主动，如果消极等待，就会受制于人，一旦受制于人，发展与机会便不会降临。

当代大学生应该不只是被动地等待别人告诉自己应该做什么，而是应该主动去了解自己要做什么，详细规划，再全力以赴地践行。必须善于规划和管理自己的事业，为自己选择合适的专业和学校，做好升学或就业的规划等，为自己的人生做出重要的抉择。没有什么东西像积极主动的态度一样更能体现一个人的独立人格。

二、做到积极主动的四方面要求

要达到积极主动的境界，就要循序渐进地调整心态，培养好习惯，学习把握机遇、创造机遇的方法，并在积极展示自我的过程中收获成功和快乐。

（一）积极努力，乐观热情

根据心理学家的统计，每个人每天会产生四万至五万个想法。如果拥有积极的态度，就能乐观地、富有创造力地把这些想法转换成正面的能源和动力。如果态度是消极的，就会显得悲观、软弱、缺乏安全感，同时也会把这些想法变成障碍和阻力。

人无法选择自己的命运，但是可以选择过什么样的生活。只要有一个积极的态度，对工作充满热情，那么每天都可以与自己的潜力竞争，并把工作做得更好。实际上大多数人没能完全发挥潜力，没有做到最好。如果希望成长与进步，那就保持积极乐观的态度，与自己的潜力竞争，与自己进行激烈角逐，让每一天都过得充实和精彩。

1. 自动自发，远离被动

职场上，员工普遍可分为五种：
第一种，自动自发的员工；
第二种，提出要求后，能落实到位的员工；
第三种，打折扣的员工；
第四种，混日子的员工；
第五种，"烂苹果"员工。

毫无疑问，第一种员工是任何单位都欢迎的，也最有发展前景的员工。要成为这样的一流员工，就必须完成"从要我做到我要做"的转换，明白自己不仅是单位的雇员，更是自己的主人，同样也是职位的主人。如果能够做到这一点，又何愁没有大的发展，没有新的机会？

消极被动的习惯是积极主动的最大障碍，消极被动的人总是迷信宿命论，把不如意的事情纷纷归罪于基因遗传、星座、血型等因素，并由此变得自怨自艾，总是怪罪别人的不是，指责环境的恶劣。如果这样的想法成为习惯，就会陷入消极被动的恶性循环，难以自拔。要远离消极被动。

2. 不要偏听偏信，应该积极求证

现在，网上经常流传着各种谣言。如果盲目轻信这些谣言，就会被某些别有用心的人左右。遇到问题要懂得主动搜寻和验证信息。如果想知道什么，就立刻到网上去找，不要急着去问别人。如果听到了什么，不要盲目信从，应当主动去网上求证。有时候看似很复杂的问题，或者有疑问的地方，只要通过网络搜索积极求证，马上就可辨其真伪，解决问题。

3. 不要坐以待毙，应该主动努力

有位学生申请了两份工作，他更喜欢那份竞争激烈的工作，但因为很多人在争取那份工作，于是他只好选择等待。要知道每一件发生在自己身上的事都应该是因自己的决定而发展、变化的，而不应该是因为自己无所作为才变成现实的。既然很喜欢竞争激烈的工作，为什么还要被动地等待而不去主动争取呢？不要忘了，被动就是弃权，不作决定也是一种决定。

4. 不要盲目追随，应该学会"有主见"

大学生必须知道自己喜欢什么、需要什么，而不应当随波逐流。许多大学生有很强的"从众"心理，自己有想法却不去表达，时间久了甚至都不清楚自己的想法是什么了。他们每次都会习惯性地先问别人："你怎么想？"而从不会问问自己："我怎么看？"要改掉这个习惯，需要下定决心，每一件小事都要表达出自己的意见，即便自己不是很在乎。例如，自己决定在餐馆点什么菜，自己决定穿着打扮，自己决定周末要去哪里玩等。应该学会对生活做出合理安排，而不是"别人怎样我就怎样"。当自己感觉"无所谓"，想听从别人的意见时，记得提醒自己，一定要把自己的选择展现出来。如果从小事到大事都能做到听从自己的意愿，久而久之，就会养成积极主动的习惯。

5. 不要说"我不会"，应该积极尝试

遇到困难时，不要找借口，应该多想一想，有没有别的解决方案？能不能将问题分解开来，一步一步地加以解决？或者，是否需要先提高自己在某方面的能力，然后再回头来处理这个难题？不要因为逃避而说自己没有选择或没有时间——没有人缺少时间，只不过每个人分配时间的方式有所不同而已。

（二）充分准备，把握机遇

当机会出现在我们眼前时，必须立即把握，当机立断，千万别犹豫不决，不知所求。如果不立即把握，有时不但误了自己，还会殃及他人。

【案例分享】

朱清时院士大学毕业后被分配到青海省做铸造工人。但他不像有的同学那样放弃学习，整天打扑克、喝酒。他依然终日钻研数理化和英语。六年后，中国科学院要在青海省做一个重要的项目，这时朱清时脱颖而出，开始了他辉煌的事业。很多人可能说他运气好，被分配到缺乏人才的青海省，才有机会出人头地。但是，如果朱清时没有努力学习，就无法抓住这次机遇。所以，大学生必须在平时做好充分的准备，掌握足够的信息，以便在必要时能够把握住稍纵即逝的机遇。

大学生应该积极地计划大学时间，把握每一次学习、锻炼提高自己的机会。你的毕业计划将成为你学业的终点和事业的起点，你的志向和兴趣将为你提供方向和动力。你如果不知道你的志向和兴趣，应该马上作一个发掘志向和兴趣的计划。你如果不知道毕

业后要做什么，应该马上制订一个尝试新领域的计划。你如果不知道自己最欠缺什么，应该马上写一份简历，找你的老师、朋友打分，看看哪里需要改进。如果你毕业后想继续深造，你应该想想如何让自己能够顺利升学。如果你毕业后想到某个公司工作，那你应该找找该公司的招聘广告，和你的履历对比，看自己还欠缺什么……只要做到了这些，你就不难发现，自己每天都会比前一天离自己的愿望更近一些。

（三）努力成才，创造机遇

英国著名科学家法拉第是伦敦贫民区一个穷铁匠的儿子，几乎没有上过学，做了几年报童，13 岁起在订书店当学徒。他酷爱读书，还从微薄的工资收入中挤出钱来拼凑成了简陋实验室，业余时间进行一些简单的实验。20 岁时，有一位顾客送给他英国著名化学家戴维的演讲的入场券，他得以听到皇家学会会长的演讲。在听完演讲后，法拉第整理了戴维演讲的记录，将其装订好并到皇家研究院送给戴维，同时请求参加戴维的实验室工作。戴维正好缺少一位助手，不久他就雇用了法拉第。最终法拉第成为英国 19 世纪最伟大的实验物理学家、皇家研究所实验室主任。

当时，一个贫穷的装订工能听到著名科学家的演讲确实是难得的机遇，但法拉第如果没有平常积累的能力，没有主动去皇家研究院找院长自荐，这个机遇又有什么价值？能够主动发现机遇、抓住机遇、创造机遇的人，往往都具有敏锐的洞察力和预测能力。在一开始的时候，大学生不一定能够具备这种能力，但是至少要有这种意识。

（四）积极展示，推销自己

在全球化和信息化的时代里，默默无闻、埋头苦干的人一般很难得到更多的提升机会，因为，要让上级发现其能力和才干还需要一段相当长的时间，而那些能够积极展示自我的人更容易脱颖而出。在公司里，经常得到晋升机会的人，大多是能够积极展示和表达自己、有进取心的人。当他们还是公司的一名普通员工时，只要和公司利益或者团队利益相关的事情，他们就会不遗余力地发表见解、贡献主张，帮助公司制订和安排工作计划；在完成本职工作后，他们总能协助其他人尽快完成工作；他们常常鼓励自己和同伴，提高整个队伍的士气；这些人总是以事为本、以事为先——他们都是最积极主动的人。

要想把握住转瞬即逝的机会，就必须学会说服他人，向别人推销自己、展示自己的观点。有些大学生可能会认为："要求我们展示自己，这是不是要我们从一个内向的人彻底转变为外向的人？"其实，一个内向的人很难彻底地改变自己的性格。所以，内向的人可以在自身性格允许的范围内往"外向"靠拢，给自己定一个目标，尽量寻找一些"比较外向但又不给自己带来太大压力"的机会来改善自己的性格。

在人生的旅途中，你是你自己唯一的司机，千万不要让别人驾驶你的生命之车。你要稳稳地坐在司机的位置上，决定自己何时要停、要倒车、要转弯、要加速、要刹车，等等。人生的旅途十分短暂，你应该珍惜自己所拥有的选择和决策的权利，虽然可以参考别人的意见，但千万不要随波逐流。只有积极主动的人才能在瞬息万变的竞争环境中赢得成功，只有善于展示自己的人才会在工作中获得真正的机会。

第三节　培养职业道德修养

一、职业道德的内涵和重要性

职业道德，是与人们的职业活动紧密联系的符合职业特点所要求的道德准则、道德情操与道德品质的总和。它是公民道德的一个重要组成部分，是人们的道德修养在职业活动中的体现和反映。它既是对本职人员职业活动行为的要求，同时又是职业对社会所负的道德责任和义务。

从宏观方面来说，大学生是社会主义事业的建设者和接班人，他们的职业道德程度如何，关系到党的事业的兴旺发达和国家的长治久安，关系到全面建设小康社会宏伟目标的实现，对整个社会的文明程度也会产生影响，尤其是对其他青年会起到直接的影响作用。从微观方面来说，大学生职业道德观念的树立和职业道德素养的提高，关系到他们今后进入社会的工作心态和对待工作的态度，也关系到相关工作单位的发展和利益。

（一）加强大学生职业道德修养，是社会主义和谐社会建设的必然要求

公平正义、诚实友爱、充满活力、安定有序，既是和谐社会的总体要求，也是对各行业、各部门职业规则的具体要求。职业道德从表面看是一种个人行为，涉及从业者如何对待职业，如何对待工作，是一个人生活态度和价值观的表现。另外，职业道德也是一个行业全体人员的行为表现。如果每个从业人员、每个行业集体都具备良好的职业道德，整个社会的道德水平必将大幅度提高，社会经济也将有序、和谐、健康地发展。大学生是未来各行各业从业的主力军，因此，加强大学生职业道德修养，有利于推动社会主义和谐社会的前进和发展。

（二）加强大学生职业道德修养，是高等教育大众化和素质教育的必然要求

近年来，随着各大学扩招，大学毕业生逐年增多，大批应届、往届毕业生涌向社会，这对改善劳动者的结构、提升劳动者的素质将产生积极的影响。但同时导致就业竞争越来越激烈，大学生只有具备较高素质，才能在激烈的竞争中脱颖而出。人的素质包括思想道德素质、科学文化素质、专业技能素质和身心素质等多方面。职业道德素质是思想道德素质的重要组成部分。大学是培养具有创新精神和实践能力的高素质人才的重要场所，对学生进行专业知识和专业技能的教育是毋庸置疑的，但职业道德教育也不能忽视。如果仅重视知识和技能的教育，而忽视对学生的职业道德教育，那么培养出来的学生就很难符合社会对人才的要求，素质教育也就成了空话。要谨记：无才无德是"废品"，有德无才是"次品"，有才无德是"危险品"，只有德厚而才丰才是"合格品"。专业知识教育必须辅以职业道德修养，大学生在走出校门时才能成长为对社会有用、为企业所需的人。

（三）加强大学生职业道德修养是社会发展的必然要求

改革开放以来，我国经济和社会发展取得了巨大成就，但也出现了一些问题，其中少数从业人员的职业道德意识淡化引起了广泛关注：从政者，以权谋私、收受贿赂、弄虚作假、渎职犯罪；从商者，制假贩假、坑蒙拐骗；从医者，收红包、拿回扣、乱开处方……在这种情况下，单纯依靠大学生走上工作岗位之后再接受并非系统的职业道德教育未免为时已晚。大学生是我们国家的未来，是社会主义现代化建设的生力军，为了让他们今后走入社会能正确履行自己的职责，确保社会主义现代化建设持续健康地发展下去，必须加强大学生职业道德修养。

（四）加强大学生职业道德修养是大学生成长成才和顺利就业的必然要求

高等教育是专业化教育，在校期间开展职业道德教育可以帮助大学生明确学习目的，激发学好专业知识的积极性，增强品行修养的自觉性和针对性，这有助于大学生成为合格的人才，为走向社会做准备。在我国，随着各大学扩招，就业市场竞争激烈，每一行业甚至每一工作岗位都有大批竞争者。这就要求在校大学生刻苦学习科学文化知识，掌握劳动技能技巧，同时不断加强自身品德修养，提升职业道德修养，形成正确的职业观，以便顺利地走上社会、融入社会，实现由学生向职业工作者的重大转变。

目前大学生职业道德修养整体上是积极的，但也有一些不利的认识倾向。在爱岗敬业方面，往往是根据所提供工作岗位的工资待遇好坏、工作地点的位置，来评论对职业的热爱及专一程度，缺乏干一行爱一行，干一行专一行的精神；很多大学生不愿意到基层工作和接受锻炼。在诚实守信方面，存在制作假证书、推荐书填写材料不实、出现问题推卸责任、随意毁约等现象。在办事公道方面，存在私心较大，一定程度上有假公济私、营私舞弊等倾向。在服务群众方面，存在个人主义、不关我事漠然处之现象。在奉献社会方面，奉献意识弱化，过分强调奉献与索取成正比，有较明显的功利主义倾向等。

所以，高校要重视并加强大学生职业道德修养，使其树立正确的职业道德观念，自觉树立并践行科学的社会主义职业道德观，为社会主义现代化建设奠定正确的思想基础。

二、职业道德修养的基本要求

职业道德规范，是人们在长期的职业活动中总结和概括出来的。由于每个行业的职业活动内容和职业特征不同，因此不同职业的职业道德也不同，但是不同职业的职业道德都有其基本的共同点，即爱岗敬业、诚实守信、办事公道、服务群众、奉献社会。

（一）爱岗敬业

爱岗敬业是从业人员热爱自己的工作岗位，尊敬、尊崇自己的职业，尊重自己所从事的职业道德。如果一个人以一种尊敬、虔诚的心对待职业，甚至对职业有一种敬畏的态度，他就已经具有敬业精神。

一份职业、一个工作岗位，是一个人生存和发展的基础，同时也是社会存在和发展的基础。一个人如果没有基本的敬业精神，就无法成为一个优秀的人，更难以担当大任。敬业是一种人生态度，是珍惜生命、珍视未来的表现。我们每个人都有责任、有义务责无旁贷地去做好每一项工作，我们都应该为工作尽一份心、出一份力。敬业精神，是现代人应该具备的职业道德。报纸上曾有一则报道说：一公共汽车司机在行车途中突发心脏病猝死，临死前他用最后一丝力气踩住了刹车，保证了车内多名乘客的安全，然后他瘫在座位上……他在生命尽头最后的举动，反映出他时刻想到的是要对乘客的安全负责。他虽然是一个普通人，却有着高尚的人格和职业道德。

今天，中国正在飞速地发展，如果不提高自己的敬业精神，个人、企业和国家的核心竞争力就无法得到增强。要提高职业素养，必须从培养敬业精神开始。

1. 培养敬业的工作习惯

在大多数的企业里，员工缺乏的并非智慧和能力。实际上，现在有才华的年轻人非常多，可是，为什么一方面很多企业找不到优秀的人才，而另一方面却有很多人找不到工作呢？最重要的原因就是大多数年轻人缺乏敬业精神。很多年轻人初入社会时有这样的感觉，自己做事都是为了公司，为他人挣钱。其实，这也没什么关系，一个出钱一个出力，情理之中的事。再说，要是公司不赚钱，个人怎么可能在这个公司好好待下去呢？但有些人认为，反正为人家干活，能混就混，公司亏损不用自己去承担。他们甚至还扯公司的后腿，背地里做些不良之事。稍加细想，这样做对自己并没什么好处。

工作中，只有付出大于得到，让公司真正看到自己的能力大于现有的位置，才会得到更多机会。工作敬业，表面上看是为了公司，其实是为了自己。因为敬业的人能从工作中学到比别人更多的经验，而这些经验便是向上发展的踏脚石，就算以后换了地方，从事不同的行业，敬业精神也必定会带来助力。因此，把敬业变成习惯的人，从事任何行业都容易成功。

有些人天生有敬业精神，任何工作一接上手就废寝忘食，但有些人的敬业精神则需要培养和锻炼。养成敬业的习惯，或许不能立即带来可观的好处，但可以肯定的是，如果养成了一种"不敬业"的不良习惯，成就会相当有限。"敬业"短期来看是为了公司，长期来看是为了你自己。原因在于：一方面，敬业的人容易受人尊重，就算工作绩效不怎么突出，别人也不会去挑毛病；另一方面，敬业的人容易受到提拔，老板或主管都喜欢敬业的人，因为这样他们可以减轻工作压力。

2. 为自己的工作而自豪

一个敬业的人，最根本的一点就是要对工作有一种发自内心的荣誉与自豪。任何一个人做事，首先得对自己的工作、公司有自豪感，如果一个人对公司、工作没有自豪感，肯定难以做好工作。大学生要培养敬业的职业素质，首先要热爱自己的工作，为自己的工作感到自豪。

3. 把职业当成自己的事业

敬业的最高境界是什么？就是把职业当成事业来看待。

职业只是靠技能来服务于人和社会而谋生的手段。事业则是可以延续并由人继承的，像一种思想、一种理论、一种制度的创立和维护。

人人都应该对自己的职业有一个清晰的自我定位。比如，有人认为工作的目的是生存，那么他确立的是一种职业认同感；有人认为他从事的工作是一份值得为之付出和献身的事业，那他就会加倍努力去实现自我的价值。

职业感和事业感虽然只有一字之差，但是当我们以不同的态度去工作时，就会有截然不同的结果。职业感要求尽心尽力地完成相应的职业，遵守职业道德，而事业感则往往是自觉的，并且是与某种价值观联系在一起的。德国思想家马克斯·韦伯认为，有的人之所以愿意为工作献身，是因为他们有一种"天职感"，他们相信自己所从事的工作是神圣事业的一部分，即使是再平凡的工作，也会从中获得某种人生价值。但凡富有事业感的人，他们通过工作所获得的，不仅仅是物质、荣誉等外在的东西，更重要的是获得了内心的满足感和自我价值的实现。因此，他们很少计较报酬、在乎功名，他们所做的一切，只为追求完美的境界。在这样的境界中，他们会发现自己生存的意义，感受到幸福和自我满足。

人类最具创造性的工作，往往都是事业感的产物。即使是从事平凡琐碎的日常事务，只要能从中找到一份独特的乐趣和满足，同样可以借此达到人生的某种境界。

每个岗位都是实现人生价值的舞台。只要用对待事业一样的态度对待自己的工作，每个人都能在平凡的岗位上做出不平凡的业绩。

一个有事业感的人，绝对不会狭隘地看待他的工作，他对自己的工作会有一种深层次的理解和认识。

职业是事业成功的基础，职业生涯带给我们的经验与体验一定有助于我们在未来的事业上取得成功。所以大学生在考虑自己将来要从事什么职业的同时，要树立一个明确的事业目标，要以事业的眼光和态度做好职业规划，以良好的职业发展和进步帮助自己取得事业的成功。

（二）诚实守信

人无信无以立，职业无信也不能立。诚实守信不仅是做人的原则，同时也是职业道德修养的具体要求。也就是说，从业者在职业活动中要诚实劳动，合法经营，信守承诺，讲求信誉。因此，大学生要身体力行，在实际工作、学习和生活中做到诚实守信。那么，如何做到诚实守信呢？

第一，要忠诚老实。要坚持实事求是的原则，做老实人，讲老实话，办老实事。不做一些损人利己或损人不利己的事情。

第二，要信守承诺。言必行，行必果。答应别人的事情一定要想办法做到。不说空话、大话和假话。自觉履行自己的义务。

第三，要表里如一。严格自律，自觉遵守各项制度、法规；言行一致，绝不当面一套背后一套。不要在暗地里使坏，要做一个光明磊落的人。

（三）办事公道

办事公道是指处理各种职业事务要公道正派，不偏不倚，客观公正，公平公开。对于不同的服务对象一视同仁，秉公办事，不因职位高低、贫富差别和亲疏远近而区别对待。办事公道是比爱岗敬业和诚实守信更高一个层次的职业道德。那么，如何做到办事公道呢，要从以下几个方面努力。

第一，要有正确的是非观，追求正义。在现实生活中，我们会发现有些人是非观念淡薄，一切以自己为中心，不管是非对错，只顾自己喜欢不喜欢。因此，办事公道要以科学真理为标准，合乎公认的道理，合乎正义。

第二，坚持原则，不徇私心。做人做事只是停留在知道是非善恶标准的程度是不够的，处理事情的时候必须坚持标准，坚持原则。为了个人私情不坚持原则，是做不到办事公道的。

第三，不计较个人得失，不惧怕强权。要做到办事公道，肯定会遇到压力，会碰到各种干扰，特别是遇到一些有权有势者的干扰。面对这种情况有两种选择：一种是向有权有势者低头、屈服，自己可以免受压力；另一种是大公无私，不畏惧和屈服于强权，坚持办事公道。很显然要坚持后一种做法。

第四，要有一定的识别能力。真正做到办事公道，一方面与品德有关，另一方面也与识别能力有关。如果一个人认识能力很差，就会搞不清分辨是非的标准，分不清原则与非原则，就很难做到办事公道。所以，要做到办事公道，还必须加强学习，不断提高自己的识别能力，能明确是非标准，分辨善恶美丑，并有敏锐的洞察能力，这样才能办事公道。

（四）服务群众

服务群众，就是在职业活动中一切从群众的利益出发，为群众着想，为群众办事，为群众提供高质量的服务。作为国家建设的未来主力军，大学生要有服务群众的意识。为了更好地服务群众，要努力做到以下几个方面。

第一，努力加强自身修养，提高为群众服务的本领。

第二，认真做好手头的每一件事。

第三，从身边的小事做起，培养为群众服务的习惯。

第四，淡泊名利，乐于助人。

第五，具有主动性，自觉、主动地去为群众做实事、做好事。

（五）奉献社会

奉献社会就是要求从业人员在自己的工作岗位上树立起奉献社会的职业理想，并通过具体的工作，履行对社会、对他人的义务，自觉为社会和他人作贡献。当社会利益与局部利益、个人利益发生矛盾时，要把社会利益放在首位。

奉献社会是一种人生境界，奉献社会不仅要有明确的信念，而且要有崇高的行为，奉献社会是职业道德的出发点和归宿。

　　因此，无论从事什么职业都要树立正确的义利观，正确处理好公利与私利的关系。当义与利发生矛盾时，要有顾全大局、乐于奉献的精神，真正把国家、集体和人民的利益放在首位。不能有斤斤计较，只讲索取不讲奉献、只讲权利不讲义务、只讲金钱不讲道德的思想观念。

三、大学生加强职业道德修养的策略

（一）增强职业道德意识

　　首先，积极参加学生会和学生社团组织的各项活动，如文明班集体、文明宿舍创建及青年志愿者等活动，培养自己关心别人、热爱集体、服务大众、友好合作等职业道德品质。其次，利用各种传播媒体加强职业道德修养的宣传和教育，拓宽教育渠道，积极参加主题班会、学术讲座等活动，深化对职业道德的认识，加深对职业道德的理解，扩大对职业道德的学习和交流。

（二）培养积极的职业价值取向

　　大学生在平时的思想政治理论课学习中，要认真领会其中的思想，提高自己的思想境界，同时通过思想政治理论课的实践教学和社会实践环节，把对职业道德的认识内化为道德情感，进而升华为道德意志和信念，最终实现对职业道德行为的自觉实践。

（三）提升职业道德修养

　　实践是人生修养的基础。一切社会意识和社会规范都是在社会实践中形成的，人们只有投身于社会实践，才能深刻认识社会规范和判断自己的行为，才能克服自己不正确的思想和不道德的行为，进而培养自己崇高的思想道德品质。因此大学生不能局限于课堂，要走向实际生活，走向社会，参加社会实践，如公益劳动、社会调查、社会考察、社会服务、勤工助学等。通过一系列社会实践活动，充分发挥自己的主观能动性，去听、去看、去做，去感受社会发展的脉搏，力求跟上时代的要求并寻找自我价值实现与社会需求的结合点。只有在社会实践的过程中，才能把职业道德规范逐渐内化为心目中的精神力量，锻炼和体验自己的职业道德修养，调动自身内在的品质力量应对外在环境的诱惑和挑战，在不断地自我教育和自我评价中，提高自己的职业道德修养。

（四）坚持从小事做起

　　"积土成山，风雨兴焉；积水成渊，蛟龙生焉；积善成德，而神明自得""勿以善小而不为，勿以恶小而为之"，这两句话讲的都是积少成多、量变引起质变的道理。道理我们都知道，但更为关键的是要行动，从身边的小事做起。现在大学生还在学校，知识不够多，经验也不够丰富，更要从小事做起，并持之以恒，这样才能不断地提高自己的道德修养。

（五）努力做到"慎独"

"慎独"是指在任何时候做事都要小心谨慎，特别是在独自一人、无人监督时，更要忠于职守，自觉遵守纪律。这是中国千百年来行之有效的道德修养方法，是人生崇高的道德境界。当代大学生也要发扬这种优良传统，忠于职守，自觉遵守纪律，严格要求自己，不要放纵自己，特别是不能偷工减料、疏忽大意和忘乎所以。

第四节 培养解决问题的能力

一、了解问题的本质

（一）厘清问题的类型

了解问题属于哪一种类型十分重要，它有利于我们厘清思路，采取合适的方法去解决问题。通常，我们把问题分为正在发生的问题、预测潜在型问题和追求理想型问题。

1. 正在发生的问题

当我们将现状和应有的状态进行比较时，发现它们之间产生了差距，那么这种差距就被视为正在发生的问题。例如，鞋底破了，手机黑屏了，交货期比约定的晚了两天，销售额比上个月减少了 10%，等等。当我们看到这些现象的时候，显然是因为它们出现了和原本应有的状态不同的状况。发现这类问题时，我们的反应应该是把它们恢复到原有的状态，想办法去解决。比如，鞋子需要去补了，手机需要去修理等。但交货期晚了，或者销售额减少这类问题相对复杂，需要我们经过正确的分析和思考，找到合适的解决方案。

2. 预测潜在型问题

有些事情站在现在的角度来看，没什么问题，但是随着时间的流逝，可能会出现问题。预测潜在型问题便是指现阶段未发生损害，但未来可能出现的问题。有时，我们会说"这是站在悲观的角度看未来"。比如，有些年轻人起得比较晚，早餐这顿就省了，等到中午才进餐，还发明了一词叫"brunch（早午餐）"。目前看起来没什么问题，身体也很健康，然而随着年龄的增长，也许有一天身体就会发出警报。

也就是说，随着时间的推移，预测潜在型问题可能会变成正在发生的问题。如果我们能够提高找出预测潜在型问题的能力，就可以对将来可能发生的问题做到防患于未然。

【自我训练】

防 范 计 划

（1）想想你自己平时的生活和学习，列一列在你自己身上出现的预测潜在型问题。

_____

（2）请简单列出你的行动计划，解决这些问题。

_____

_____

_____

3. 追求理想型问题

这类问题是指现状与理想状态相比较，出现了差距。追求理想是为了改善现状，使现在的状况能变得更好。因此，追求理想型问题的思考方式是，虽然目前没有损害，但由于没有达到理想的状态，于是它就成了问题。比如，计划每天学习的时间能增加一小时，希望今年能拿到一等奖学金，想要找一份薪水更高的工作。从这些例子中，现状没有发生立即的损害，主要是认为现状不如理想，所以把它视为问题。

我们鼓励大家有目标、有理想。不过在理想和目标的设定中，注意把握度。如果设定得太高，容易造成实施难度大，可能开始没多久就放弃了；如果设定得太低，则无法激发挑战的激情。

【生涯计划】

我 的 理 想

（1）以三年为限，为自己的生活构想和设计理想蓝图，它是什么样子的？

_____

_____

（2）为了达成理想，我应该如何做？

_____

_____

_____

（二）安排问题处理的节奏

1. 问题处理矩阵图

对每个人来说，图4-1中所列的四种类型的问题都有可能发生，甚至可能同时存在。当我们能很好地识别问题后，安排好问题处理的节奏和顺序，也是很重要的。和时间管理一样，我们也可以将问题处理按照紧急和重要两个维度进行分类，从而把握问题处理的先后顺序。

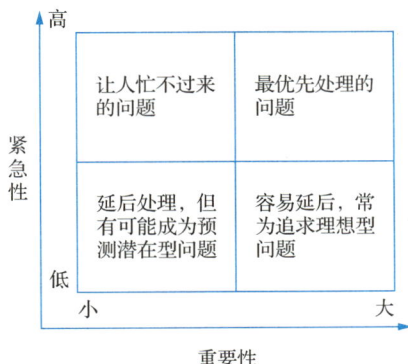

图 4-1　问题处理矩阵图

2. 决定问题处理优先级

根据问题处理矩阵图，我们可以比较轻松地安排问题处理的优先等级。通常，既紧急又重要的问题是优先处理的。相反地，影响小而且不紧急的问题可以最后处理。不过有两点需要注意。

（1）不要忽略不紧急但重要性高的问题。面对紧急的问题，我们通常会优先处理，提出解决方案。然而，很多时候，那些重要而不紧急的事情却容易被我们忽略。比如，每个人都知道身体健康很重要，但是对锻炼计划却一拖再拖；很多企业在发展蒸蒸日上的时候，容易忽略开发新业务、研发新产品。当这些问题逐渐显现出端倪的时候，可能就为时已晚。因此我们需要时常提醒自己，将不紧急但重要的问题列在我们的处理清单中。

（2）注意预测潜在型问题。已经发生的问题迫在眉睫，需要处理。但是对于预测潜在型问题来说，容易被搁置不管，这样可能导致今后严重的不良状态。因此，对于预测潜在型问题，我们应当采取相应的预防措施，避免将来产生不良的影响。如许多人会提前给自己买重大疾病险以预防将来疾病发生的就医费用及相关损失等问题。

（三）提高发现问题的能力

发现问题是解决问题的前提，我们只有首先识别出问题所在，才能为以后解决问题的行动制订出目标和计划，并能有针对性地解决问题。

（1）发现问题。正如我们前面提到的，有些问题是显性的，有些问题是隐性的。显性的问题自然好说，但隐性的问题就像披着一件隐形外衣，不能被轻易看见，却在缓慢发展，这时候就需要我们有一双慧眼去识别。

（2）关注细节。很多问题是因为某个细小的环节出了问题，但被忽视，从而慢慢延伸出十分严重的问题。在实际生活工作中，细节的把握非常重要，要从细小的事情入手，研究事情的发展趋势，从中找到潜在的问题。

（3）吸收知识和搜集信息。我们常说一句话：无知真可怕。有时候不是问题不存在，而是由于我们的无知，问题出现了都不知道，更不要谈发现预测潜在型问题。因此，大学生要多了解信息，通过知识的学习来拓宽自己的视野，意识到事情的异常，逐渐提升自己的问题发现能力。

【案例分享】

战国时期，有一次齐国攻打廪丘，赵王派孔青带领大军前去救援。孔青是一员猛将，加上足智多谋的宁越辅佐，所以赵军一战打败齐军，取了齐军统帅的首级，并俘获战车两千辆。战场上留下了三万具齐军尸体，孔青决定把这些尸体堆成两个大高丘，以此彰显赵国的武功。

宁越劝阻道："这样做太可惜了，那些尸体可以另作他用。我看不如把尸体还给齐国人，这样做可以从内部打击齐国，从而让齐军不再进犯。"

"死人又不可能复活，怎么能从内部打击齐国呢？"孔青很费解。宁越说："战车铠甲在战争中丧失殆尽，府库里的钱财在安葬战死者时用光了，这就叫从内部打击他们。我军不如后退三十里，给齐国人一个收尸的机会。"

孔青又问："万一齐国人不来呢？"

"那就更好了。"宁越胸有成竹地说，"率军出征作战，不能得胜，是其一罪；只准百姓出征，不准百姓返国，是其二罪；不肯接纳战死沙场百姓的尸首，是其三罪。有这三罪，百姓就会怨恨君主，无心尽忠君主，君主无法驱使百姓效力，这就叫双重打击。"

孔青听完，很是佩服，就听从了宁越的建议。果然，齐国从此元气大伤，很长一段时间不能对外用兵。

（四）甄别和界定问题

问题发现以后，需要有甄别和界定的过程。有些异常情况从某个角度看是问题，从另一个角度看可能不是问题；而某些异常问题现在看确实是问题，随着时间的推移可能没有问题。有时候，我们需要仔细地辨别问题，避免因为自己认识不清或者理解不到位而误判了问题。

另外，甄别好问题后，要对问题的类型进行界定。按照问题的类型决定处理的优先等级，提出相应的解决对策。

【案例分享】

一只狼掉到陷阱里去了，怎么跳也跳不出来。后来，一只老山羊慢慢走过来了，狼连忙向老山羊打招呼："好朋友！为了友情的缘故，帮帮忙吧！"老山羊问："你是谁？为什么跑到猎人布下的陷阱里去了？"

狼立刻装出一副又老实又可怜的模样，说："我，你不认识吗？一只又忠诚又驯良的狗啊，为了援救一只掉到陷阱里的小鸡，我不顾一切，牺牲自己，一下跳了进来，就再也出不去了。唉！可怜可怜我这只善良的老狗吧！"

老山羊看了它几眼，有些不相信，说："你真的是狗吗？为什么你那样像狼，为什么你用狼一样的眼神看着我？"

狼连忙半闭了眼睛说："我是狼狗，所以有些像狼。但是，请你相信我的的确确是狗。我的性情很温和。我还会摇尾巴，不信你瞧，我的尾巴摇得多好。"

狼为了证明自己的话，就拖着那条硬尾巴摇了几下。"扑扑扑"，把陷阱里的一些土块都敲打下来了。

老山羊慌忙后退了一步，说："是的，你会摇尾巴。可是会摇尾巴的不一定都是狗。你说，你真是一条狗吗？"

狼有些不耐烦了："没错，没错！我可以赌咒。快点吧，快点吧！为了友谊的缘故，只要你伸下一条腿来，我马上就可以得救了。我一出来马上就报答你。比如，我可以给你舔舔毛、帮你咬咬虱子。真的，我非常喜欢羊，特别是老山羊。"

老山羊还是有点犹豫，又往后退了一步："不成，我得考虑考虑。"这时候，狼忍耐不住，突然爆发了。它咧开嘴，露着牙齿，对老山羊咆哮："你这老家伙！不快一点儿过来，你要干吗？"

老山羊冷静地看了他一眼，慢吞吞地回答说："什么也不干。因为你是狼。我看见你的尖牙齿了。去年冬天你咬我一口，差点没把我咬死。我这辈子都忘不了。你再会摇尾巴也骗不了我了，再见吧！"

老山羊是如何发现掉到陷阱里的是狼而不是狗？

_____

_____

我们可以从老山羊身上学到什么？

_____

_____

提示： 任何事物的本质都不能轻易改变。我们只要仔细观察、认真思考，必定能透过事物的表面发现其中隐藏的问题。

发现问题有时不是一蹴而就的事情，需要我们具有耐心，适当地延长观察和分析的时间。

二、分析问题的本质

分析问题的过程就是透过现象看本质。分析问题，是我们解决问题的基础。当问题被识别之后，对问题加以分析和研究，才能够弄清问题出现的前因后果，看清问题发展的趋势，从而采取有效的措施，对症下药。

【案例分享】

从前有个猎人，大大小小的动物打了不少，家里有各种各样的兽皮。有一次，他要去野外办些事情，刚一出门，让风一吹，颇有些寒意。于是他又返身进门，想找件兽皮挡寒。他顺手抓了一张狮子皮，披在身上就上路了。

到了野外，猎人越走越觉得不对劲。一阵风吹草动，他预感到有事要发生。果然，只听得一声长啸，一只吊睛白额大虎跳了出来。猎人手边没带什么武器，心里暗想：糟糕，要躲也来不及，这下可完了。于是他干脆不逃，闭着眼睛站在原地等死。

再说那只老虎，早已饿了多时，一见有东西过来，就要往上扑。可那东西不但没逃，还站住了，在那边远远地看着自己。老虎很奇怪，仔细看了看，原来是只大狮子。要是打不过可惨了，好汉不吃眼前亏，还是快溜吧。

猎人站了半天，还不见老虎来吃他，大着胆子睁开眼一看，发现老虎夹着尾巴在往回跑，一闪就不见了。猎人给弄糊涂了，但又一想，对了，老虎肯定知道自己是个好猎手，因害怕自己而跑掉了。猎人非常得意，丝毫没往自己披的狮子皮上去想。他趾高气扬地回到家，逢人就夸耀："连老虎都知道我是打猎的好手，一见了我就马上逃走了！"

又过了几天，猎人又要去野外了。这一回，他随便拿了一张狐皮挡风。像上次一样，走了没多远又碰上了老虎。猎人一点不怕，大摇大摆地走了过去。

老虎见是狐狸，连扑都懒得扑，就站在原地斜着眼睛瞧着猎人走过来。猎人走到了老虎跟前，见老虎还不让路，不由大怒，高声威胁说："畜生，见了我还不滚开，当心我扒了你的皮！"老虎看他骂了一会儿，不耐烦了，猛地扑了过去，可怜的猎人就这样成了老虎的一顿美餐。

三、培养逻辑思维

解决问题时，分析能力非常重要，而分析能力的基础在于严密的逻辑思维。逻辑思维是借助于概念、判断、推理等思维方式，以分析、综合、比较、抽象、概括和具体化作为思维的基本过程，来把握问题的本质，从而得出有效的解决办法。

（一）逻辑不凭感觉，需要具体的主张和有力的论据

逻辑性最基本的要求是"主张之后，提出论述"，也就是说在我们提出结论主张时，得清清楚楚地说出理由，让我们的主张言之成理。在分析问题的过程中，如何抓住主要原因？需要我们经过严密的分析、比较和归纳，而不是凭感觉随意判断。

【案例分享】

小李发现家里的狗特别喜欢吃纸，每次都把房间搞得到处都是纸屑，他想解决这个问题，但不知用什么样的方法才能起效。小李开始思索起来：

这条狗吃什么纸呢？是不是所有的纸它都吃？

如果它只吃某些纸，这些纸和其他的纸有什么区别？

狗有没有吃其他非常奇怪的东西？这些东西和纸有共同点吗？

这条狗吃的纸其他狗会不会吃？

如果其他狗不吃，这条狗和其他的狗有什么区别？

如果其他的狗也吃，它们之间有什么共同点？

小李通过对所有得出的信息进行归纳、分析、综合，最后发现原来狗喜欢吃的纸仅仅是包装过食物的纸，食物留下的气味或盐分导致狗喜欢吃这些纸。小李由此找到了解决问题的几个方案，就是每次都要处理好包装过食物的纸，不要乱放乱扔，或者看好这条狗或者喂饱这条狗，及时补充它的盐分等。

（二）以对方的立场检视自己的逻辑

我们习惯从自己的角度去思考问题，也就是说多半是一个人在分析，容易犯自以为是的毛病。逻辑思维除了需要严密的分析推理能力以外，还需要考虑到分析的全面性。因此，当我们进行分析和思考的时候，尝试站在不同的立场，去检视自己的主张及论述。

（三）锲而不舍

在进行逻辑分析的时候，多问几个为什么。YY 提问法是一个很好的反复提问的方法，即通过不断问为什么，从而挖掘出问题的更多细节。这需要极大的耐心和毅力，然而如果能有这种坚持的精神，问题的本质也就容易显现出来。另外，许多分析结论的提出，都是建立在一定的前提条件上的，那么还需要对这些假设条件进行反复检验，以确保分析的合理性。

【自我训练】

在一次企业联合会上，很多跨国公司表示，虽然每年有几百万的应届大学生毕业，但他们在招聘的过程中却很难找到合适的应届毕业生。另外，很多民营企业也指出，现在的大学生跳槽率很高，公司招聘到的毕业生，不到半年，跳槽的人数就有一半以上。产生这些问题的原因是什么呢？使用 YY 提问法找出其中原因，并尝试和你的同伴分享，看看他是否认同你的观点。

四、进行有效的决策

分析问题的最终目的是进行有效的决策。也就是说，如果已经把握导致关键问题出现的原因，下一步就要研究如何进行有效的决策。

（一）确定解决目标

明确需要解决的问题及抓住本质原因以后，我们要开始提出合理的解决方案。在此之前，需要先确定解决问题希望达成的目标是什么。是杜绝此问题再次发生还是将其不利影响降低？是提出一个全新的解决方案，还是在原有的方案上进行更改即可？因此，在商量解决对策以前，需要先确定要实现的目标。

（二）制定解决方案

同一个问题通常会有很多的解决办法，无论选择哪一种，都必须建立在科学合理的基础上，如果备选方案存有缺陷，就很难做到优化或者满意。在制定解决方案的时候，可以遵循以下几个步骤。

（1）思维发散，想出多个解决方案。和创新类似，发散思维也是研究解决方案的第一步。从多维度去思考，提出不同的假设条件，制定行之有效的方案。在决策的初期，尽可能多地想到不同的解决途径和方法，并形成多个不同的解决方案。这些解决方案必须是能够相互替代并且互相排斥的。避免出现一个方案的活动存在另一个方案中，否则会导致方案的选择和评判难以公正地进行。

（2）选择合适的方案。在实际工作中，方案的拟订、比较和选择往往是交织在一起的。要进行选择，需要比较方案的优劣势，如方案实施所需的资源是否具备，筹集和利用这些资源需要付出何种成本，方案实施能带来的短期和长期利益如何，方案实施可能遇到的风险，方案执行成功的概率多大。

通过上述比较，找出各方案的差异，并结合实际情况进行方案的选择。

【自我训练】

一位妈妈带着三岁的儿子去商场购物，在购买东西时发现孩子不见了，这位妈妈心急如焚，怎么办？

请思考：

（1）请你从不同角度，尽可能多地想出解决问题的方案。

_____

_____

_____

（2）请挑选其中你认为最佳的方案，并解释其原因。

_____

_____

_____

（三）制定评价标准

问题解决的方案是否合适，最后是需要在实施的过程中去验证的。验证需要一定的衡量标准，评价方案的好坏也需要合理的评价标准。在选择方案的时候，我们已经在使用评价标准工具了。接下来就是对这些衡量点进行具体量化，以此作为今后方案实施效果评估的依据。

五、解决问题，离不开高效的执行

解决问题的方案，只有得到行动的支持，才能转化为解决问题的成果。约翰·福斯特·杜勒斯曾经说过："怎样才算成功呢？一个决策成功与否不在于解决的问题有多难，而在于是否真正地把问题解决了。"如果只有解决的愿望和目标，而没有解决问题的行动，那么任何愿望和目标都将变得毫无意义，问题也将永远无法解决。

【价值引领】

夜很黑，寺庙的桌子中间燃着一盏油灯，引来了许多飞蛾。

有一只灰蜘蛛和一只黑蜘蛛躲在一个角落里，它们已经很久没有吃到食物了。

灰蜘蛛指着火焰旁边飞来飞去的飞蛾对黑蜘蛛说："如果可以到那里织一张网，一定就可以饱餐一顿了。"灰蜘蛛话音刚落，就有一只飞蛾撞上了火焰，挣扎了几下，就烧成了灰。

黑蜘蛛心有余悸："那里多危险啊，说不定就和刚刚那只飞蛾一样。"

"与其在这里等死，还不如去拼一下。"灰蜘蛛说，"我们一起去吧？"

"说不定会有哪只喜欢黑暗的飞蛾扑到我的网上呢。"黑蜘蛛爬到了自己的破网中间，闭上了眼睛默默等着。

灰蜘蛛见劝不动黑蜘蛛，只好自己独自去了，它努力爬向火焰，在离油灯不远的地方织了一张网。

那天晚上，灰蜘蛛真的饱餐了一顿。第二天，它匆匆赶回原来的角落想和黑蜘蛛一起分享时，发现黑蜘蛛已经饿死了。

解决问题，离不开高效的执行。执行能力强的人，能把握问题解决的有利时机，并将解决方案执行到底。执行能力弱的人，往往迟疑和拖延，错过有效的解决时机，不但不能解决问题，反而让问题变得更糟。

六、执行与执行力

执行是将目标变成结果的行动，而执行力是保质保量完成工作的能力。我们给自己构想美好的蓝图，解决方案也可以高大上，但是如果难以执行，一切都是空话。同样，如果在执行的过程中，出现各种各样的偏差和问题，那么再好的方案也难以收获应有的成果。

七、把握执行的关键步骤

（一）进行合理的战略部署

在执行解决方案前，要进行全面的战略部署。首先，确定行动需要的资源，包括有形的资源如人、财、物等，以及无形的资源如思想、理念等。其次，根据问题的实际情况，制定相应的方法和策略。需要立即执行时，绝不拖延；需要暂缓行动时，不可急躁。最后，下定行动的决心。要有将方案执行到底的决心，不可轻易放弃。

1. 制订清晰的执行计划

战略部署是计划的顶层设计，计划是对战略部署的具体工作的设定和安排。制订清晰的执行计划是解决问题非常重要的环节。它需要对解决问题的每项工作任务、人员分工、时间要求及资源支持等进行详尽的安排与落实。

【价值引领】

美国探险家皮里率领一支探险队，经过许多艰难险阻，终于到达北极点。一天，皮里带大家出来考察，走着走着，前面出现了一条冰河，挡住了他们的去路。

游过去无疑太冷了，而且太危险。造桥的话，周围一草一木也没有怎么造？这时，有人开始打退堂鼓了。十几米宽的冰河非要有船才能过去，可现在上哪儿去找船呢？

突然，一位队员高兴地叫了起来："咱们不是有斧头和凿子吗，为什么不可以用冰做一条船？"

"对呀，我怎么没想到呢？"皮里恍然大悟。

于是，大伙儿一起动手，凿出了一个很大的冰块，然后把它做成一条简易的"冰船"。靠这艘"冰船"，队员们顺利地完成了考察任务。

2. 积极实施计划

有了计划，不去行动，等于是纸上谈兵。从计划中来，到行动中去，确保问题的有效解决。计划的实施是执行的最重要的环节。首先，明确执行者的责任，真正将思维上升到行动层面。其次，建立有效的控制体系。检查执行过程的行为效果，如果有偏差，需要及时纠正。如果发现解决方案有误，也需要重新制定方案。最后，分阶段进行总结和反馈。在实施过程中，既要努力拉车，也要抬头看路。对各阶段的实施效果进行评估，找出优点和不足，总结经验，吸取教训。

【价值引领】

从前，有一个农夫养了很多只可爱的小羊，他的邻居恰好是个猎户，家里养了很多猎狗。猎狗经常跳过栅栏袭击小羊。农夫几次请猎户把狗管好，但猎户却不以为意。没过几天，他家的狗又跳进羊圈横冲直撞咬伤了很多只小羊。

农夫气得直想和邻居打架。后来，他的妻子想了一个办法："你为什么不送一只可爱的小羊给隔壁家的孩子呢？"

农夫听了妻子的解释后，送了一只小羊给隔壁猎户的孩子。猎户的孩子非常喜欢这只小羊，于是便督促他的父亲把狗锁好。

问题就这样解决了，而且两家人后来还成了很好的朋友。

（二）排除执行的障碍

执行的障碍通常包括以下几个方面。

1. 寻找借口

在平常学习和工作中，我们经常听到这样的说辞："我本来可以早到的，都是因为下雨""顾客太挑剔了，我没办法满足他""这个我从来没学过"，等等。原本我们可以把事情做得更好，但是我们总是有种种理由和借口，为自己的行为开脱。

借口是执行的大敌，它会让我们缺乏责任感和执行任务的强烈决心，在执行的过程中，难以做到尽心尽力、全力以赴。借口就像一种慢性毒药，用得越多，中毒就越深。切记不要用借口当幌子，掩饰自己的过失，推卸自己应该承担的责任。更不能养成找借口的习惯，纵容自己的惰性，形成不思进取、怨天尤人的不良心态。

2. 言行不一

说得好，做得不一定好；满口答应，却没有做到。在我们身边，有一些人喜欢夸夸其谈和"说一套，做一套"。但衡量一个人品质的好坏，诚信与否，绝对不是凭一张嘴。解决问题也是如此，我们需要的是说到做到、拿出结果的精神和气魄。执行解决方案的时候，对他人信守承诺，对自己亦然。言行一致、心口如一，按照问题的实施计划一步一个脚印，踏踏实实地去执行。

【价值引领】

老木匠准备退休了，他告诉老板，说要离开建筑行业，回家与妻子儿女享受天伦之乐。老板舍不得他的好工人走，问他是否能帮忙再建一座房子，老木匠说可以。但是后来大家都看得出来，他的心已不在工作上，他用的是杂料，出的是粗活。房子建好的时候，老板把大门的钥匙递给他。"这是你的房子。"他说，"这是我送给你安度晚年的礼物。"老木匠震惊得目瞪口呆，羞愧得无地自容。

3. 经常拖延

时间管理是问题解决的强有力保障。然而，在现实生活中，做事拖拉，不能按进程执行的人却不少。今天的事留到明天做。在拖延的人头脑中，出现最多的就是"明天"这个词，然而"明日复明日，明日何其多"。

任何有目标的行动都要掌握时机，解决问题也是如此。要想使某一问题快速、有效地解决，就需要判断解决问题的真正时机，并果断地采取行动。一再地拖延，会让我们错过问题解决的最佳时机，甚至导致更多的问题出现。

【价值引领】

一只山猪在大树旁勤奋地磨獠牙。狐狸看到了，好奇地问它："既没有猎人来追赶，也没有任何危险，你为什么还要这般用心地磨牙。"山猪答道："你想想看，一旦危险来临，就没时间磨牙了。现在磨锋利了，等到要用的时候就不会慌张了。"

4. 不求结果的执行

我们常常会说"我已经做了""我已经尽力了"，然而结果如何呢？执行是一个不折不扣得到结果的过程，执行就是把目标变成结果。任务不等于结果，态度也不等于结果。如果不追求结果，执行就只是一句空话。多数人容易把任务当成结果，认为做了就行，至于效果如何却置之不理，甚至美其名曰："没有功劳，也有苦劳。"

任务和结果在本质上是截然不同的，比如睡觉是任务，睡着是结果；考试是任务，通过才是结果；上班是任务，创造价值才是结果；苦劳是任务，功劳才是结果。所谓的让执行落地就是得到满意的结果。

【案例分享】

2008 年 9 月 15 日上午 10 时，具有 158 年历史的美国第四大投资银行——雷曼兄弟公司，向法院申请破产保护。消息瞬间通过电视、网络传遍地球的各个角落。匪夷所思的是，10 时 10 分，德国国家发展银行居然按照外汇掉期协议，通过计算机自动付款系统，向雷曼兄弟公司的银行账户转入 3 亿欧元，折合人民币 30 亿元。

转账风波曝光后，德国社会各界一片震惊。时任德国财政部部长佩尔·施泰因布吕克誓要查清此事，并严惩相关责任人。财政部委托一家法律事务所进行调查。调查报告很简单，只不过是一一记载了被询问人员在那 10 分钟内忙了些什么。具体情况是：

（1）首席执行官乌尔里奇·施罗德："我知道今天要按照协议预先的约定转账，至于是否撤销这笔巨额交易，应该让董事会开会讨论决定。"

（2）董事长保卢斯："我们还没有得到风险评估报告，无法及时做出正确的决策。"

（3）董事会秘书史里芬："我打电话给国际业务部催要风险评估报告，可是那里总是占线。我想，还是隔一会儿再打吧。"

（4）国际业务部经理克鲁克："星期五晚上准备带全家人去听音乐会，我得提前打电话预订门票。"

（5）国际业务部副经理伊梅尔曼："忙于其他事情，没有时间去关心雷曼兄弟公司的消息。"

（6）负责处理与雷曼兄弟公司业务的高级经理希特霍芬："我让文员上网浏览新闻，一旦有雷曼兄弟公司的消息就立即报告，现在我要去休息室喝杯咖啡。"

（7）文员施特鲁克："10 时 3 分，我在网上看到雷曼兄弟公司向法院申请破产保护的新闻，马上跑到希特霍芬的办公室。当时，他不在办公室，我就写了张便条放在办公桌上，他回来后会看到的。"

（8）结算部经理德尔布吕克："今天是协议规定的交易日子，我没有接到停止交易的指令，那就按照原计划转账吧。"

（9）结算部自动付款系统操作员曼斯坦因："德尔布吕克让我执行转账操作，我什么也没问就做了。"

（10）信贷部经理莫德尔："我在走廊里碰到施特鲁克，他告诉我雷曼兄弟破产的消息。但是，我相信希特霍芬和其他职员的专业素养，一定不会犯低级错误，因此也没有必要提醒他们。"

（11）公关部经理贝克："雷曼兄弟公司破产是板上钉钉的事。我本想跟乌尔里奇·施罗德谈谈这件事，但上午要会见几个克罗地亚客人，觉得等下午再找他也不迟，反正不差这几个小时。"

德国经济评论家哈恩说："在这家银行，上自董事长，下到操作员，没有一个人是愚蠢的人，可悲的是，几乎在同一时间，每个人都开了点小差，加在一起，就创造出了'德国最愚蠢的银行'。"

（1）德国国家发展银行原本可以避免向雷曼兄弟转账的行为吗？

_____

_____

（2）哪些环节可以阻止转账的行为？

_____

_____

（3）从中你得到了哪些启示？

_____

_____

提示：每一位当事人都知道事件的严重后果，但却没有真正承担起责任，做好执行工作。他们相互推诿，互相扯皮，面对企业利益受损，个个无动于衷；高管层不能完成自己的工作任务和应尽的职责，工作态度低调消极，对企业的成败持无所谓的态度；管理中层不能坚守工作岗位，工作马马虎虎，敷衍了事，事不关己，不闻不问；管理基层也是只顾自身工作，对企业有害的事情消极应对，漠不关心。这样的执行，最终只能给公司带来巨大的损失。

【自我训练】

解决问题能力的大小，决定着一个人工作、学习和生活的质量。一个善于解决问题的人，能够游刃有余地处理好所面对的各种问题。那么，你解决问题的能力如何呢？请进行以下的测试。

（1）你身边的一个朋友要过生日，你会（　　　）。

A. 对此毫无兴趣

B. 假装不知道，这样就不需要送礼物

C. 只给自己最重要的朋友送礼物或祝福

D. 常常精心准备，搜集一些比较新颖的礼物送给他（她）

（2）你和朋友在逛街的时候，遇到一个小孩缠着你买朵玫瑰花，你会（　　　）。

A. 不予理睬，继续逛街

B. 言辞呵斥，让小孩走开

C. 询问朋友是否需要，再决定是否购买

D. 与小孩进行攀谈，了解小孩的基本情况，思考这种现象的缘由

（3）你看到两个中年妇女在街头吵架，你会（　　　）。

A. 已经司空见惯，没有兴趣，赶紧走开做其他事情

B. 驻足观看，感觉很有意思

C. 进行观察，通过她们吵架的语言了解她们吵架的根本原因

D. 不仅关注两人吵架的根本原因，而且也能结合观者的反应全面认识这种现象

（4）你在工作中遇到了一个问题，这个问题你无法解决，你会（　　　）。

A．直接选择放弃

B．找其他人去完成，自己脱身

C．认真思考一下，看有没有其他方案可以代替，如有可以考虑考虑

D．积极寻求各种资源支持，坚信自己有能力解决

（5）你的手机在公交车上被偷了，你会选择（　　　）。

A．自认倒霉，算了

B．大声询问"有没有人看到我的手机"，以引起注意

C．主动寻求身边乘客的帮助，看他们是否注意到自己的手机被偷

D．立即向司机、乘客请求帮助，详细地向他们说明自己手机的品牌、款式、价格、发现被偷的时间等信息，并报警

（6）假如你是团队的领导，你们打算搞一次旅游活动，你会（　　　）。

A．自己直接决定去什么地方旅游

B．自己决定旅游的地方，并告诉成员知道

C．自己提出旅游的地方，让大家一起进行探讨

D．把所有成员聚集到一起，共同探讨旅游的地方和旅游的时间

（7）你把工作的一项任务派给一个人去完成，结果他没有完成，你会（　　　）。

A．大发雷霆，对他进行批评

B．觉得自己选人失误，对自己很气愤

C．让他说明原因，进行反思

D．和他一起分析任务没有完成的原因，共同探讨解决问题的办法

（8）当你和同事或朋友就某一问题产生完全不同的看法时，你（　　　）。

A．完全停止和对方的交往

B．服从对方的看法

C．请其他人帮忙分析

D．暂时回避、求同存异

（9）你的家庭成员经常为琐事争吵，你会（　　　）。

A．选择逃避，减少回家的次数

B．告诉他们，再吵你就永远不回家了

C．全力支持其中的某一个人

D．发挥你的能力进行调解，并使他们改善关系

（10）当领导否定了你提出的正确方案时，你会（　　　）。

A．同其大闹一场

B．消极对待应该完成的工作

C．向更高的一级汇报，希望得到他们的信任

D．工作上一如既往，以后找机会解释

（11）当你因业绩突出而遭其他人嫉恨时，你会（　　　）。

A．同不友好的人闹翻天

B．工作不再冒尖以免得罪人

C．一如既往，顺其自然

D．工作如常，同时注意自省

（12）同事或朋友丢了东西，有人怀疑与你有关，你会（　　）。

A．无所谓，身正不怕影斜

B．自己也到处去说对方的坏话

C．找人对质，暴跳如雷

D．逐个找人询问事情的前因后果，预见可能发生的事情，想好对策

其中：A=1分，B=2分，C=3分，D=4分。

说明：

如果得分在20分以下，说明你解决问题的能力较差。

如果得分为21~35分，说明你解决问题的能力中等，有时会稍有迟疑。

如果得分在36分以上，说明你解决问题的能力很强。

八、解决工作问题的四大工具

1. 金字塔

解决工作问题的金字塔模型又被称为问题解决金字塔，主要分为3层，每层都有其特定的指向，如图4-2所示。

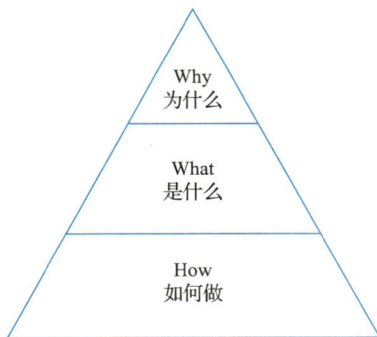

图 4-2　金字塔模型

金字塔内的第一层主要指问题的原因或目的等，第二层主要指问题或战略等，第三层主要指具体的方法或手段等。三层的内容指向虽已固定，但是使用顺序可以根据实际情况随机变化。使用要点是：

（1）使用金字塔解决问题首先要定义问题，其次找到产生问题的原因，最后根据原因提出问题的解决方案。

（2）在找原因时，多问几个为什么，直至找到最根本的原因。金字塔模型可以和5W1H方法结合起来使用。

2. 问题树

问题树，又称分解树、逻辑树，是一种参与式工具，是一种以树状图形系统分析所存在的问题及其相互关系的工具。问题树可以形象地表明问题的因果关系，目的在于帮助人们通过分析问题原因、结果和解决办法之间的关联来对问题进行深度剖析。

问题树的原理是，将某个问题的所有子问题分层罗列，从最高层开始，逐层向下扩展。把一个已知的问题当成树干，然后考虑此问题与哪些问题或子任务相关，每想到一个就为树干增加一个分枝，并注明这个分枝代表什么问题。以此类推，直至找出所有相关项目。具体步骤为：

（1）找出问题。通过头脑风暴等方法找出工作中存在的核心问题，它是问题的树干。

（2）找出与之相关的其他问题。

（3）找出问题的原因。找到这些核心问题与相关问题的原因。

（4）建立原因和结果之间的联系。绘制出树枝和树叶，树枝是问题导致的结果，树叶是问题出现的原因。

（5）补充或修改。反复检查绘制完整的问题树，并根据实际情况对其进行补充或修改。

3. 5-Why 法

5-Why 法是一种反复提问的方法，通过不断地问"为什么"，从而挖掘出问题的更多细节，直到找到问题产生的根本原因。5-Why 法不必固定是 5 个问题，可以少于或多于 5 个问题，其目的是帮助当事人全面掌握问题的情况，通过挖出细节从而调查问题产生的原因，最终彻底地解决问题。

4. 矩阵图法

矩阵图也是常见的问题分析方法，比如常见的时间管理矩阵、波士顿矩阵（BCG matrix）等都是利用了矩阵图法。一个矩阵主要由维度、矩阵格、维度级别这 3 个关键要素构成，如图 4-3 所示。

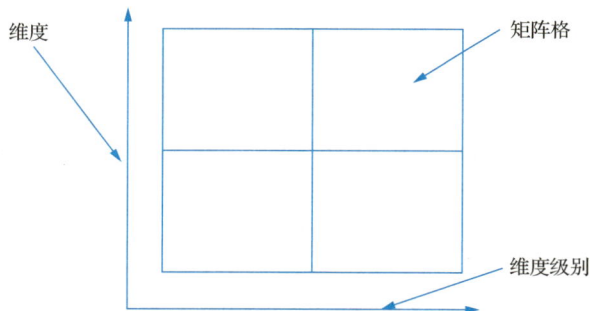

图 4-3　矩阵图

（1）维度。矩阵的维度是确定矩阵内容的基准。通常，我们用纵轴和横轴的走向来确定维度的大小。离坐标轴原点近的维度较低，离坐标轴原点远的维度较高。

（2）矩阵格。矩阵格用来放置需要解决问题的主要内容，可以是文字、图片、数字或者符号等，根据纵轴和横轴表示的维度大小来确定具体的放置位置。矩阵格不一定是四格，可以根据讨论内容的情况来制定很多的格。

（3）维度级别。维度级别是矩阵维度在大小、多少、数量、优劣等方面的具体体现，不同的矩阵由不同的级别构成。

通过矩阵的分析，有利于我们建立清晰的思维结构，做出合理的判断。

第五节　培养创新能力

一、创新并非与生俱来

在我们身边，有些人想法很多，很新颖，让我们一度怀疑是否创新是天生的。他们生下来就有无穷的创造力？美国明尼苏达大学曾经做过一个著名的"双子实验"，用 56 对从出生开始就被分开，在两种截然不同的环境中被抚养成人的双胞胎来做实验，目的是回答这样一个问题——人的天性是天生的吗？通过实验和推断，总结出人的基本心理和人格特征包括领导才能、想象力、冒险精神等确实与遗传相关，但它们还是会在比较大的程度上受到环境的影响。

创新能力简称创造力，指创造者进行创新活动的能力，即通过对已获取的知识、经验进行科学的加工和改造，从而产生新想法、创造新事物的能力。与创新能力有关的想象力和冒险精神确实与遗传有很大的关系，但是创新需要的知识、经验和技能是可以通过后天习得的。因此，创新并不是与生俱来的，是人人都可以通过后天的学习和实践锻炼而来的。

二、创新能力的影响因素

创新能力的大小受很多因素影响和制约。我们可以从以下几个方面来把握。

（一）创新精神

创新精神是一种勇于创立新思想、新事物的精神。它是创新的内在动力，是主导和前提。

（二）创新的欲望和动机

创新者首先需要有强烈的创新欲望，这种欲望可以是好奇心、兴趣，也可以是工作的责任感。与此相关的是创新的动机，所处的环境是否鼓励创新，是否能激发人们创新的欲望。例如，小孩子从小就受到家长的鼓励和引导，从而热爱创新；员工因为受到企业的鼓励和激励，从而热衷于创新。

（三）创新的特质

对于创新者来讲，维持好的创新精神必须具备良好的性格特质。一是自信。相信自己一定能行，创新面前没有所谓的权威，只要我们敢于创新，我们就是最大的权威。每个人都具备无限的创新潜力，只要我们勇于创新，就有无限的可能。二是勇于面对失败。创新本身就是做前人没有做过的事情。在创新的过程中极有可能遇到失败。对于创新者来讲，应该将失败作为前进的动力，创新才能成为可能。三是坚持不懈的精神。很多创业者倒在黎明前的黑暗中，遇到问题打退堂鼓，不能坚持自己的想法。然而，我们会发现人类的许多重大发明是在成千上万次的失败中不断提升和改进的。创新者需要具备面对挫折的勇气、毅力和坚持不懈的精神。

【案例分享】

接 吻 青 蛙

美国的 3M 公司，不仅鼓励工程师也鼓励每个人成为"产品冠军"。公司鼓励每个人关心市场需求动态，成为关心新产品构思的人，让他们做一些家庭作业，以发现开发新产品的信息与知识、新产品的销售市场及可能的销售与利益状况等。如果新产品构思得到公司的支持，就将相应地建立一个新产品开发试验组，该组由研究与开发部门、生产部门、营销部门和法律部门等的代表组成。每组由"执行冠军"领导，他负责训练试验组，并且保护试验组免受官僚主义的干涉。如果一旦研制出"式样健全的产品"，试验组就将一直工作下去，直到将产品成功地推向市场。有些试验组经过 3～4 次的努力，才使一个新产品构思最终获得成功；而在有些情况下，却十分顺利。3M 公司知道千万个新产品构思可能只能成功一两个。一个有价值的口号是"为了发现王子，你必须与无数个青蛙接吻"。"接吻青蛙"经常意味着失败，但 3M 公司把失败和走进死胡同作为创新工作的一部分，其哲学是"如果你不想犯错误，那么什么也别干"。

（四）创新思维

一般创新的过程分成两步：想和做。创新行为是在创新想法上形成的。产生创新想法也就是创新思维的活动过程。一个人要具备良好的创新能力，其核心是有较好的创新思维能力。

创新思维是在常规思维的基础上发展起来的，是思维活动中最高级、最有价值的形式，也是人们探索事物本质，获得新知识和新能力的有效手段。创新能力的培养要从创新思维的角度入手，通过知识的学习和实践的锻炼，使思维不断活跃，产生新的想法和观点。

【自我训练】

假如你面对一群完全陌生的人，而你又是他们新上任的领导。要领导他们，你需要了解他们。怎样才能最快地了解这些人呢？你的方法是（请尽可能多地列出你的方法）：

_____

_____

_____

（五）创新方法

具备了创新精神和创新思维，方法的掌握也很重要。创新的方法指的是创新活动中带有普遍规律性的方法和技巧。比如，创新的想法是如何获取的、创新的点子是如何提出的、创新的设想又是如何变成现实的，等等。在创新的过程中，我们可以参考前人所使用过的创造方法和技巧，并在此基础上进行运用、改造，变成我们的有效工具，用于开展我们的创新活动。

【案例分享】

一天，发明家爱迪生把一只灯泡交给他的助手——普林斯顿大学的数学系毕业生阿普顿，要他算出玻璃灯泡的容积。阿普顿拿着灯泡琢磨了好长时间，于是用皮尺在灯泡上左右、上下量了一阵，又在纸上画了好多的草图，写满了各种尺寸，列了许多道算式，算来算去还未有个结果。爱迪生在灯泡里倒满了水递给阿普顿说："把这些水倒进量杯里，看一看它的体积，就是灯泡的容积了。"助手听了恍然大悟，于是很快将灯泡容积算了出来。

三、创新的障碍

（一）传统观念是创新的顽敌

由于环境和教育的影响，我们在成长的过程中吸收了许多的知识和经验，这些知识和经验可以激发我们的灵感和创造，但同时可能又会给我们的思维创新带来一定的阻力。传统观念便是其中的一种，它反对思维对现存事物进行超越，顽固地维护着它赖以生存的知识和社会基础。受传统观念的影响，人们会因循守旧，墨守成规，用老眼光、老套路、老办法去面对新问题。传统观念使人的思维受原有的思维空间的限制，跳不出原有的框框，因而就无法实现对原有认识和现存世界的超越。从这一角度来说，传统观念是阻碍思维创新的重要因素，是思维创新的大敌。

【案例分享】

某集团企业要招聘一位主管策划的副总。由于薪水高，前来应聘的人员特别多。有位应届大学毕业生前往应聘。当他赶到现场时，招聘人员发给他的是 47 号。没招儿，等吧。但是，他又一想这样干等，等来的不一定是好结果。过去常听人家说"被动就要挨打"，还是主动出击的好。随后，他认认真真地写了一行字，折叠起来让人传了进去。应聘的人还以为是有人走后门写什么条子，都用鄙视的目光窥探着。谁知当主考官接到条子后，笑了。旋即，向应聘的人群说："我刚接到一张条子，我给大家念一下：尊敬的主考老师，请您不要在没见到 47 号之前做出用人的决定。谢谢！我们集团要寻求的，就是这位创新的人才!"应聘的人群知趣地散开了。47号青年如愿了。

(二)习惯思维是创新的又一阻力

人们在思考问题时,或多或少会在头脑中留下一种思维的惯性,这种思维的惯性使我们在新问题面前仍然习惯地依据原有的思路进行思考。习惯性思维对于解决经验范围以内的常规性问题是有用的,它可以使我们的思维驾轻就熟,简捷、快速地对问题做出反应。但是它对于创造性地解决问题,则只能成为一种障碍。它使人们局限于某种固定的反应倾向,打不开思路,从而限制了人们的创新思考。

【案例分享】

美国有一家生产牙膏的公司,产品优良,包装精美,深受广大消费者的喜爱,每年营业额蒸蒸日上,进入第十一年后则停滞下来。董事会召开全国经理级高层会议,一名年轻经理建议,将现有的牙膏开口扩大1毫米。这个决定使该公司第十四年的营业额增加了32%。试想,每天早上,每个消费者多用1毫米的牙膏,每天牙膏的消费量将多出多少倍呢?

(三)从众心理让创新止步

每个人都希望自己被所属的群体所接纳,这样就不可避免地受到从众压力的影响。所罗门·阿希曾经做过一个著名的从众心理实验,结果表明测试者有超过1/3的次数采取了从众行为。通常,人们偏向于服从众人,顺从大众,随大流。别人怎么做,我也怎样做;别人怎么想,我也怎么想。

人们更乐于赞成而不是反对,群体成员往往希望被视为该群体中的一员而避免与其他人不一致。这样的心理会导致人们害怕自己不被他人接受从而隐藏自己新的想法与观点,或迫于压力打消对新事物、新想法的践行,创新自然也就止步了。与从众心理对立的是人们的独立思考能力,破除从众心理,不要在思维过程中盲目跟随,要具有心理抗压能力和独立的思维意识。

【案例分享】

当年,在奥斯维辛集中营,有一位犹太人对他的儿子说:"现在我们唯一的财富就是智慧,当别人说1加1等于2的时候,你应该想到大于2。"后来父子俩竟然在纳粹的奥斯维辛集中营里活了下来。

后来他们来到美国做铜器生意。一天,父亲问儿子1磅铜的价格是多少?儿子答35美分。父亲说:"对,谁都知道每磅铜的价格是35美分,但是作为犹太人的儿子,你要说3.5美元,你试着把1磅铜做成门把手看看。"

20年后,父亲去世了,儿子独自经营铜器店。他做过铜鼓,做过瑞士表上的簧片,他曾把1磅铜卖到3500美元,这时的他已经是麦考尔公司的董事长了。

然而,真正使他扬名的,却是一堆废料。

1974年,美国政府为清理给自由女神像翻新扔下的废料,向社会门泛招标。很长时间过去了都没人应标。正在法国旅行的他知道后，立即飞往纽约，看过自由女神像下堆积如山的铜块、螺丝和木料，未提任何条件就签了字。那时有不少人对他的这一举动暗自发笑，因为有 2000 多吨的垃圾既不能就地焚化，也不能就地挖坑深埋，送到垃圾场运费又昂贵。而且在纽约州垃圾处理有很严格的规定，弄不好会受到环保组织的起诉。

就在一些人准备看他的笑话时，他开始组织工人对废料进行整理。他让人把废铜熔化，铸成小自由女神像；把木头加工成木座；把废铅、废铝做成纽约广场样式的钥匙坠；甚至把自由女神像身上扫下的灰尘都包装起来，出售给花店。

结果可想而知，这些废铜、边角料、灰尘等都以高出它们原来价值数倍乃至数十倍的价格卖出，且供不应求。

你看了获得什么启示？

_____

_____

_____

_____

_____

提示：在很多情况下，我们会用固有的模式去思考问题，做出决定。我们可以通过一定的逻辑和传统的模式推理出既想的结果，虽然这样似乎让我们有一定的安全感，然而很多时候也让我们成了芸芸众生中普通的一员。要想在人群中突围，新的想法和尝试必不可少。

四、创新思维的特点

我们强调思维的创新性，希望思维能打破常规，想前人未想、做前人未做之事。那么，创新思维和常规思维具体有什么不同？可以从以下几个方面来把握：

（一）多向性

我们在思考问题的时候容易陷入"马嘉鱼思维"效应，"一路走到底"或者"一棵树上吊死"，思维出现僵化、不灵活的现象。多向性表现在遇到问题时不会一味地单方向探索，而是从多角度、多渠道、多因素方面去考虑问题。这样拓展了思维的空间，让我们拥有更多的选择，得到多种解决办法。

（二）非定式性

非定式性表现了思维的开放性。在日常生活中，绝大多数人的行为是依赖于思维定式的结果。思维的习惯性可以成为我们良好的助手，帮我们形成正确的行为，但也可能成为我们最坏的敌人，将我们的思维拖入特定的陷阱。非定式性就是要突破思维的惯性，以更开放的姿态去看待问题。比如，元宵除了是白色的，还可以是彩色的，饺子可以是元宝形的，也可以是心形的。

【自我训练】

　　世界上有一种马嘉鱼很漂亮，平时生活在深海中，春夏之交产卵，随着海潮游到浅海。渔人捕捉马嘉鱼的方法挺简单：用一个孔目粗疏的竹帘，下端系上铁坠，放入水中，由两艘小艇拖着，拦截鱼群。马嘉鱼的"个性"很强，不爱转弯，即使闯入罗网之中也不会停止。所以一只只争先恐后陷入竹帘中，帘孔随之紧缩。帘孔越紧，马嘉鱼越被激怒，瞪起眼睛，张开脊鳍，更加拼命往前冲，结果被牢牢卡死，最终成为渔人的篓中之物。

　　现实中常有人一方面抱怨人生的路越走越窄，看不到成功的希望，另一方面又因循守旧、不思改变，习惯在老路上继续走下去，其结果就像马嘉鱼一样，自寻绝路。所以"当思维陷入僵局时，你需要的是改变思路"，所谓穷则变，变则通，世易时移，我们的思维也要跟着改变，才能赶上时代的潮流。

　　你是否会陷入"马嘉鱼思维"？

_____
_____
_____

（三）非逻辑性

　　非逻辑性是创新思维和常规思维的重要区别。大凡创新思维都多多少少不符合逻辑，超出常人的想象。我们很难从逻辑推理的角度去评判思维的好坏，许多科学上被认为的异端邪说，多年后才被普遍接受，证明其是先进和合理的。

五、创新思维产生的条件

（一）主动寻找问题

　　善于发现问题，有强烈的问题意识是创新思维的重要基础。任何创新都是基于问题意识的，许多发明创造是在无数个"为什么"中诞生的。

　　不安于现状，主动去寻找和深究问题。我们在许多成功人士身上不难看出他们都具备良好的问题意识，能够发现常人看不到的问题。在发现问题后，能够积极寻求解决问题的方法和途径，保持不断探索和研究的精神。

【案例分享】

永不卷刃的刀具

　　在印刷公司任职的T先生，对刀具很感兴趣，一直希望有一种廉价的、永不卷刃的刀。

　　一次，T先生看到有人用碎玻璃刮地板上涂的漆。那个人先敲碎玻璃，再用碎片的棱角刮，该碎片的棱角磨秃后不好使用时，把玻璃再敲碎，用新的切口来刮。

　　见此情景，T先生眼前一亮："啊，有了！"

　　刀钝后用不着磨，而是将钝了的部分折断。于是他在薄而长的钢片上刻出印痕，钝了以后折断，果然顺利地出现了一段新刃。

从敲碎玻璃、去掉一部分中获得启示，设计出这种世界上前所未有的可折断的刀子，并出口到世界各国，T 先生理所当然地当上了新成立的刀具公司的经理。

（二）突破传统思维框

前面我们提到了思维的阻力，无论是传统、习惯抑或是从众心理，都像一个个巨大的框架把我们的思维给套牢了。如果我们不能从中走出去，不能突破这样的思维框，那么创新也就成了一句空话。

（三）勤于用脑，灵活应变

勤于用脑，保持思维的活跃，这样可以摆脱思维定式和事物现状的束缚，提出不一样的想法和思路。灵活应变，指的是善于组织多方面的信息，灵活运用已有的知识和经验，并根据变化去调整自己的思想和看法，从而提出各种不同的观点、假设、方法或方案。

【自我训练】

异 想 天 开

任选手机、计算机、汽车、眼镜、电视等物体，设想一下未来它们都是什么样子，具备哪些新功能。

_____

_____

_____

_____

_____

（四）善于积累，懂得运用

罗马不是一天建成的，创新思维也如此。创造性思维的养成除了需要一定的天赋之外，更多地需要平时知识和经验积累，并将所获取的知识和经验运用到实践中，形成有价值的创意。

六、开发创造力的五大元素

创造力不是从天而降的东西，也不是回家路上买到的彩票，一不小心就中奖了。它就像一颗种子，需要肥沃的土壤、适当的阳光、充足的雨水才能茁壮成长。创造力要开花、结果，有它必不可少的元素。

（一）知识

巧妇难为无米之炊，就算敲破脑袋，也不可能在瞬间就领悟到什么道理。知识就是创造力的来源，没有渊博的知识就期待有创意的想法，这等于是异想天开。广泛阅读，汲取不同领域的知识营养，才能有奇思妙想的可能。

（二）动机

就像辛勤劳动是为了能获得精神和物质的回报一样，如果我们的奇思妙想能够得到一定的奖励，我们的想法就会受到刺激，那么我们就会不由自主地产生创造的冲动。所以，给予创造力一定的鼓励和激励是十分有必要的。

（三）多样性

创新思维是具有多向性的。思维是多向的，而非单一的，多样性的思维才能产生创造力。马斯洛曾经说过："如果世上只有锤子一种工具，那我们就会把所有的问题都看成是钉子。"比如，思维的单一性导致我们画出的外星人通常都有一张类似于人的脸，而多样性却要求我们的思维平衡，兼顾东南西北各方说法。

（四）技巧

虽然创造力的产生没有既定的规则和章法，但也是有一定的规律的。异想天开要变成现实、创意要产生价值，都需要对构思好的想法进行检验、加以调整。比如，TRIZ理论（发明问题解决理论）提出，创新发明首先是提出问题，然后对问题进行分析和定义。任何领域的产品改进、技术变革、创新和生物系统一样都存在产生、成长、成熟、衰老和灭亡的过程，把握这样的规律，就可以主动地设计产品，并能预测产品的未来发展趋势。

（五）童心

儿童时代是一个自由和充满想象力的时期，我们的思维可以尽情地漫游，在玩耍的时候获取知识和能量。像孩子一样思考，对周遭的事物充满好奇，减少前辈的经验和无数固有的观念，让童心瓦解根深蒂固的传统，创意的产生也就不难了。

【案例分享】

一个小女孩和爸爸在月光下散步，这时小女孩指着天上的月亮问道："那是灯吗？""不，傻孩子，那是月亮！"爸爸摇摇头说道。"哦！那它是怎么来的呢？"小女孩眨眨眼问道。这个问题难倒了爸爸，他摆摆手说："它好早就出现了！宝贝，咱们回家吧！"小女孩失望地低下了头。在爸爸眼里月亮就只是月亮，对于它的出现早已习以为常。然而，在孩子的眼里，月亮可能是灯，也可能是大饼。因为任何事物对他们来讲都是新奇的，他们充满了好奇心和求知欲，他们丰富的想象力总是能够使他们提出很多千奇百怪的问题。

七、创新是用来解决问题的

当我们把许久不穿的衣服翻出来改造成时下流行的款式时，这就发挥了创造力；当我们看到前方路段堵车而决定改道时，也发挥了创造力；当计算机中的一个文档无法打开，我们想到办法提取它的内容时，这同样是对创新的践行。

【案例分享】

有一家造纸厂，在生产纸的过程中出了一点事故——忘了加糨糊，造出的纸因此太渗水不能用，按照规定只能报废。厂长对此非常恼火。就在大家都纷纷表示惋惜的时候，有一名员工想：难道只能眼睁睁看着这些纸报废吗？能否想个办法把这批废品利用起来呢？他结合这种纸的特点，提出干脆将这种很容易渗水的纸改名为吸水纸。结果这一提法使该企业创新出了一种新产品，而且销路很好。

创新需要出现在特别的需求和一定的环境下，是用来解决问题的。天马行空、奇思妙想也是为了给我们的生活和工作带来新的、积极的变化。在解决问题的时候，我们会用到不同的创新的手法，采取相应的行动。常见的问题只需要低水平的创新，而罕见的问题对创新的要求则要更高。

【自我训练】

现在的大学校园越来越美，也越来越大了。想想下课了悠闲地在校园里散步确实十分惬意，然而当有时因为某些事情不得不以百米冲刺的速度奔向教室的时候，那感觉可不是太好。请为你们的校园设计便利的交通工具，让你既能尽情地在美丽的象牙塔里畅游，又不至于在遇到突发事情时显得忙乱。

_____

_____

_____

八、创新常见的形式

（一）尝试改变外形

把播放器变薄、变小一点，就成了随身听；把公共汽车层数加倍，就变成双层公共汽车；把裙子长度减半，就成了比基尼或超短裙；把商场扩张，就成了集购物、饮食、娱乐于一身的大商场；把面包切开，就成了汉堡包；把车拉长，就成了加长轿车。

【案例分享】

丑 陋 玩 具

一天，美国艾仕隆公司董事长布什耐在外面散步，看见有几个孩子正在玩一只小虫子。这只小虫子不仅满身污泥，而且长得也十分丑陋难看，可这几个孩子玩得津津有味，爱不释手。这一情景让布什耐想：市场上销售的玩具清一色都是形象美丽的，凡是动物玩具，个个都面目清秀、俏丽乖巧。假如生产一些丑陋的玩具投放市场，销路又将如何呢？

他决定试一试。于是他让设计人员迅速研制了一批丑陋玩具投放市场：有橡皮做的"粗鲁陋夫"，长着枯黄的头发、绿色的皮肤；有一串小球组成的"疯球"，每个小球上都印着丑陋不堪的面孔……没想到这些丑陋玩具上市后，一炮打响，市场反应热烈，给艾仕隆公司带来了丰厚的利润。

（二）乐于寻找替代物

现有的东西是否可以被其他东西替代？现有的材料是否可以用其他材料代替？现有的工艺是否可以被其他方法和工艺替代？用小球替代钢笔尖，于是圆珠笔诞生了；银行使用自动取款机取代了人工柜台服务；用新能源代替汽油，混合电力机动车便问世了。

（三）改变原有功能

现有的东西有无其他用途？如果保持原状不变，能否扩大其用途？稍加改变，有没有别的用途？功能的突破和改变也是创新的一种形式。比如夜光粉原本是一种用量小、用途不算广的发光材料，后来人们扩大它的用途，设计出了夜光棒、夜光纸、夜光笔等产品。

【案例分享】

生 日 报 纸

如果家里有订阅报纸的习惯，那么阅读过的报纸我们通常会如何处理呢？当废品卖掉，还是用来折纸、擦窗户？

近年来，在上海、北京、成都、深圳等逐步流行起一种具有文化品位的生日礼物——生日珍藏报。商家将珍藏几十年的原版老报纸，加上精美包装，配上详细的介绍，与我们的生日巧妙融为一体，并赋予它一个温馨的名称"生日珍藏报"。获得一份亲朋好友赠送的生日珍藏报，我们可以知晓出生当天发生的重大事件。生日珍藏报，成了一种时尚的生日礼物。

（四）不断改进技术

技术的改进是创新的一种基本形式。科学技术的进步，推动着生产力的极大提升，也让我们深刻体会到技术进步带来的美好生活。计算机经过不断改进走进千家万户；电视机由黑白变成彩色，由拟信号变成数字信号；空调由单冷改进成变频。

九、创新的技法

法国生理学家贝尔纳说过："良好的方法能使我们更好地发挥运用天赋的才能，而拙劣的方法则可能阻碍才能的发挥。"在创新的过程中，我们要把握两大问题：一是创新什么？二是如何创新？创新什么是找到创新的立足点，即让创新能够满足实际生活和工作的某种需求，而如何创新是指怎样去提出创新的设想和解决问题的方案。创新的技法非常多，下面介绍几种常用的技法。

（一）缺点发现法

高超的创新者总有层出不穷的点子，做不完的课题，而初试者却不知如何下手。缺点发现法是一个很好的帮助我们尝试创新的方法。它是指通过对已有的、熟悉的事物进行深入的分析，在对其缺点一一列举的基础上，找出相应的解决方案，从而完成创新的方法。

【案例分享】

小时候我们可能会遇到这样的情况，父母给我们买鞋时总是买大一号，而对于我们来讲，大一号的鞋子往往不合脚，穿起来不舒服，我们都希望鞋子可以大小合适。大人的考虑也并非没有道理，孩子长得快，鞋子买得刚刚好，下一年就不能穿了，只能重新买，这样家庭又多了一笔开支。那有什么办法可以让孩子既能穿上合适的鞋子又能满足大人减少购鞋开支的愿望呢？

德国科学家米勒研究小组发明了一种可以长大的鞋子。这种鞋子可以随着孩子脚的长大，慢慢延伸，最多可增加两厘米的鞋长，既满足了孩子穿上合脚的鞋的愿望，又降低了家长购鞋的频率。

（二）组合设想法

组合起来怎样？能否将各种想法进行组合？能否将几个部件进行组合？组合设想法是将两种或两种以上的事物或理论进行有机组合、变革或重组，从而诞生新的产品、思路或技术的方法。

把电话和计算机结合起来，我们发明了智能手机；把耳机和收放机组合，就发明了随身听；把冰淇淋和蛋饼放在一起，我们吃到了蛋筒冰淇淋；把米老鼠与旅游结合在一起成了迪士尼乐园。组合创新是最常见的创新方法，许多的发明和革新是组合的结晶。组合设想法有几种实现的方式：

（1）主体附加。主体附加就是保持主体不变或变化不大，在原有的产品上增加新附件、补充新内容。如最早的自行车没有铃铛，把铃铛加上提高了行车的安全性；汽车的附加物更为明显，比如增加无线电通信、卫星导航、雷达系统等。

（2）异类组合。将两种或两种以上不同功能的产品、不同领域的思想和理论方法进行组合。它有三个要点：一是组合对象来自不同方面，无主次关系之分；二是参与组合的对象可从功能、构造、成分等多方面相互渗透，整体显著变化；三是组合各方求同存异，增加了各自的创造性。

【案例分享】

音 乐 牙 刷

研究发现，许多人的牙齿疾病并不是牙齿本身造成的，而是由于不正确的刷牙方法导致的。如何能让人们养成正确的刷牙姿势呢？

法国医生阿胡在1980年发明了音乐牙刷，竖着刷时，刷内会演奏悦耳的曲子，横刷时音乐会立即停止。使用这种牙刷，有利于养成用正确方法刷牙的习惯。

（3）同物组合。同物组合就是将相同的事物共组，如情侣表、子母被等。同物组合既可以使组合的对象保持原有的功能和意义，又能通过组合数量的增加弥补原功能的不足或产生新的功能和效用。

【自我训练】

以你的手机为主体，想想还能附加什么功能或者附属物？

_____

_____

_____

（三）移植法

移植法就是将某个领域中已有的原理、技术、方法、结构、功能等，移植应用到其他领域，从而导致新设想的诞生。

（1）原理移植。比如将飞机的"黑匣子"移植到汽车上，变成"行车记录仪"。

（2）功能移植。如拉链一般用在衣物上，但现在人们把它用在外科手术伤口的缝合上。

（3）材料移植。比如现在的树脂材料，不仅用于眼镜片、食品包装，还广泛用于各类装修和家电物品中。

（4）方法移植。透明厨房、中餐标准化、纳米技术的多领域运用都是方法移植的例子。

十、在实践中提高创新能力

（一）保持良好的学习能力

有人说，如果输入的是错误的数据，那得出的结论也一定是错误的。学习是一个知识输入的过程，保持良好的学习能力就是往大脑中不断输入新的知识和能量。如果我们吸收的是广博的、优质的知识，经过大脑的加工，便能激发出高品质、多样化的创意。这里所说的学习，并不是简单的书本知识的习得，还包括实践经验的积累和总结。只有做到理论和实践相结合，方能具备全面的知识，为创新的产生带来无尽的能量。

（二）制订行动计划

马克·吐温（Mark Twain）说过，想出新办法的人在他的办法没有成功以前，人家总说他是异想天开。敢于想象、不怕失败，是创新的前提。在创新的过程中我们要敢于想象，更重要的是将想法运用到实践中。

（1）养成记录的习惯。不动笔墨不读书，在我们阅读和学习的时候随时拿上纸和笔，记下我们思想的火花。某一天，这些想法或许就会成为创新的灵感。

（2）从微小处着手。对于初学者，我们不需要想着一定要做多大、多远的创新，期望一下子就能改变自己的命运。创新，可以从我们身边开始，从细小的地方入手。比如，从我们的日常起居、课程学习、与人相处、工作效率等身边的事务中发现问题，时常想想现在的做法有什么问题，该怎样做才能更好。

（3）每天一个创新设想。如果每天都能够有一个创新设想，用不了多长时间，我们的改变会越来越大，直到感觉到我们看到了许多其他人看不到的问题、想到新的方案以及发现新的机会。

（三）不断总结和反思

古往今来，许多伟大的创造发明是经历了无数的考验和改进的。在创新的过程中，我们也要有试错的心理，失败后不断总结和反思，才能找到更好的解决办法和方案并将创新活动进行到底。

【自我训练】

创造力测试

下面是 20 个问题，如果符合你的情况，则在（　　　）里打上"√"，不符合的则打"×"。

（1）听别人说话时，你总能专心倾听。（　　　）

（2）完成了上级布置的某项工作，你总有一种兴奋感。（　　　）

（3）观察事物向来很精细。（　　　）

（4）你在说话，以及写文章时经常采用类比的手法。（　　　）

（5）你总能全神贯注地读书、书写或者绘画。（　　　）

（6）你从来不迷信权威。（　　　）

（7）对事物的各种原因喜欢寻根问底。（　　　）

（8）平时喜欢学习或琢磨问题。（　　　）

（9）经常思考事物的新答案和新结果。（　　　）

（10）能够经常从别人的谈话中发现问题。（　　　）

（11）从事带有创造性的工作时，经常忘记时间的推移。（　　　）

（12）能够主动发现问题，以及和问题有关的各种联系。（　　　）

（13）总是对周围的事物保持好奇心。（　　　）

（14）能够经常预测事情的结果，并正确地验证这一结果。（　　　）

（15）总是有些新设想在脑子里涌现。（　　　）

（16）有很敏感的观察力和提出问题的能力。（　　　）

（17）遇到困难和挫折时，从不气馁。（　　　）

（18）在工作遇到困难时，常能采用自己独特的方法去解决。（　　　）

（19）在问题解决过程中找到新发现时，你总会感到十分兴奋。（　　　）

（20）遇到问题，能从多方面多途径探索解决它的可能性。（　　　）

评价：

如果 20 道题答案都是打"√"的，则证明创造力很强；如果 14～19 道题答案是打"√"的，则证明创造力良好；如果有 10～13 题答案是打"√"的，则证明创造力一般；如果低于 10 道题答案是打"√"的，则证明创造力较差，需要培训。

【学习感悟】

　　把你知道的创新思维及相应的练习方法总结一下，都写出来吧。

_____

_____

_____

_____

_____

_____

_____

_____

_____

_____

_____

_____

_____

_____

_____

_____

_____

_____

_____

_____

第五章　提升决策能力 聚焦职业发展方向

第一节　职业生涯决策概述

掌握科学的职业生涯决策方法是大学生进行职业生涯规划的基本要求。在知己知彼的基础上，对自己的职业定位和职业发展路径进行科学的决策，指引自己的职业行为，对大学生职业生涯的发展大有裨益。对大学生而言，职业决策与行动并非简单地选择并从事一份工作，它贯穿于职业生涯的全过程。职业生涯的每一阶段都由不同的决策与行动组成，科学地进行职业生涯决策与行动，将有助于大学生职业生涯的发展。

一、决策的概念及分类

（一）决策的概念

决策是根据所获信息做出选择的过程。任何决策都是承先启后的。通俗地说，决策就是做出决定。决策是为了达到一定的目标，从两个或两个以上的可行方案中选择一个合理方案的分析判断过程；是个人对将要进行的重要事项或将要从事的重要工作，做出审慎的最后决定。具体而言，决策是指个人将数据加以组织，然后在许多可能的选择项目中，加以评估、选择、确定，并承诺付诸行动的过程。

（二）决策的分类

决策分为以下三类。

① 确定无疑的决策：所有的选择及其结果都是清楚明白的。

② 有一定风险的决策：每种选择的后果不完全确定，但在一定程度上了解可能会有什么后果。

③ 不确定的决策：对于各种选择会产生什么后果难以预先做出判断。

大学生生活中的决策大多属于第二种。

大多数决策是有风险的，并且选择就意味着排除了其他可能。但是生活中最危险的事情就是不去冒险，只有敢于冒风险的人才是自由的。当我们面临第三种决策时，最好先尽可能充分地搜集信息，以便把它变成第二种决策，最好逐步变成第一种决策。

【案例分享】

小丁的困惑

就业、考研、出国……面对如此多的选择，哪一个最适合自己？这是小丁现在正在纠结的问题。如果是就业，现在本科生就业很困难，全国高校毕业生人数已过千万，想到这儿小丁就觉得头疼，家里也没有什么人脉能帮忙介绍好一点的工作。如果是考研，小丁学的这个专业有一半的同学想考研，考研的竞争也很激烈。出国是个挺好的选择，但是费用太高了，家里也不放心小丁自己去。小丁不知道自己的出路在哪里……

可以看出，小丁纠结的是职业方向的选择，而解决这个问题最需要的是提升职业决策能力。

二、职业生涯决策的概念

生涯决策就是个人在多项职业或人生选择之间权衡利弊，以达成最大价值的历程。生涯决策的理念是由经济学家凯恩斯提出的。他认为个体在面临选择，尤其是职业选择时，往往会选择使个体获得最高报酬，并将损失降低到最低的选项。职业生涯决策是职业生涯规划的重要组成部分，是综合个人对自我的认识，以及对教育与职业等外在因素的判断，面临生涯决策情境时所做的各种反应。

三、职业生涯决策风格

面对生活中的选择，大学生做决定的反应过程各不相同。有的人反应快，总是在第一时间就做出决定，但常常事后又会为自己的选择感到后悔；有的人比较犹豫，总是盘算了又盘算，不到最后一刻，很难下决心做出选择；有的人喜欢参考别人的选择，在他们看来，跟从多数人的选择是最安全的；有的人则一贯冷静思考，在充分比较、分析相关信息之后，独立地做出自己的决定。这些表现，反映了不同的决策风格。

常见的决策风格有如下四种。

（一）直觉型

直觉型决策风格以置身特定情境中的感受或情绪作为决策的依据。这类决策者做决定全凭直觉和感受，行事比较冲动，因而很少对必要的信息进行搜集。他们常会因决策的不确定性产生不良情绪，从而渴望尽快完成决策而摆脱烦恼；由于对快速做决策的过程有强烈的兴趣，常会一时冲动，在缺乏深思熟虑的情况下做出决策，因此给人留下冲动和武断的印象。直觉型决策风格的人以自我判断为主，其典型的表现是"先做了再说，以后再想后果""感觉还不错，就这么决定了"等。

（二）依赖型

依赖型决策风格以谋求他人的指导和建议为特征。这类决策者更愿意寻求他人的建议与支持，很难承担自己独自做决定的责任，允许他人参与决策并共同分享决策成果，所以通常会受到他人的正面评价。但有两个弊端：一是如果长期寻求别人的意见，往往会忽略自己内心的想法和声音，有可能导致所做的决定其实并不是自己最想要的；二是长此以往，他们就会被剥夺自主选择的机会，当不得不独自做决定时可能已经失去了选择的能力，其典型的表现是"爸妈让我那样做""他们认为我适合""天塌下来会有大个子顶着"等。

（三）犹豫型

犹豫型决策者十分多疑，即使搜集了很多资料和相关信息，也会在内心反复思考，害怕做出错误决策，担心因造成不良后果而承担责任；由于缺乏充分的自我认识，因而容易错过最佳决断时机。典型表现是"急什么？明天再说吧""我知道该怎么做，可是我办不到""我决不能轻易决定，万一做错了，那就惨了"等。

（四）理性型

理性型决策者做决定时会分析自己内在的状况，也会考虑外在环境的要求，广泛搜集信息，用系统分析的方法检验各种选项的利弊得失，从而做出适当且明智的选择。

典型表现是"一切操之在我""我是自己的主人"。

理性型决策风格是最为理想的风格类型。拥有这种风格的人，既能充分地搜集相关信息，又不会被过多的信息所迷惑和压倒；既能果断地做出决定，又不会过于冲动和感情用事；既能广泛参考别人的意见，又不会盲目从众、失去自我；既能坚定地为自己的选择负责，又不会不顾条件的变化，一意孤行。在面对人生重要选择的时候我们尤其需要这种决策风格来助自己一臂之力。

决策风格受人格特性的影响，但是并非恒定不变，而是可以通过训练和实践加以转变。尽力克服人格特质的缺陷，就可以在一定程度上实现从被动转向主动，从盲目转向理性，从依赖转向独立，从片面转向系统。

四、职业生涯决策影响因素

职业决策之所以受到多方面因素的影响，原因在于个人与环境之间的关系是高度复杂的，个人对环境和自身因素的判断会影响其职业生涯的发展。因此，大学生应该清楚影响职业决策的因素，以便适应时代环境的整体发展趋势。

（一）个人因素

大学生是职业生涯规划的主体，在职业生涯规划过程中，个人因素起决定性作用。大学生在做职业生涯决策时，一般会受个人综合素质、个人经济需求以及个人身心的即时状态等方面的影响。

1. 个人综合素质

个人的知识水平、道德修养以及各种能力是社会发展的一般要求，在当今社会，提高个人综合素质尤为迫切。综合素质包括以下四个方面。

① 内在涵养：指个人修养、道德水平和文化涵养等内在层面，一般可概括为心理素质、文化素质，以及在体育、文艺、美术、音乐等方面的特长或天赋。

② 职业能力：包括表达能力、为人处世、组织能力和办公效率，以及语言能力、公关能力和社交能力等。

③ 决断能力：包括认知能力、分析能力、逻辑思维和解决问题的能力等。

④ 创造能力：包括敏锐与独特的观察力、活跃的思维能力和实践创新能力等。

当然，通过对综合素质进行有针对性的训练，大学生能有效提高个人的决策能力。例如，专门学习计算机的操作能力，可以有效提高个人在软件开发和设计方面的兴趣和能力，从而促使职业决策往计算机领域靠拢，个人也更容易做出决断。但是，大学生更应该从根源上认识自身的综合素质，以加强对职业生涯决策的宏观掌控。在职业生涯规划过程中，大学生需要发现和提升自身各个方面的能力，这样才能做出较好的职业生涯决策。

2. 个人经济需求

职业报酬决定了人们的生活水平和事业发展空间，在很大程度上影响着个人的精神生活和社会成就感。因此，经济收益是大多数人选择职业时考虑的重要因素。在职业生涯规划过程中，大学生应在职业方向的选择上适当追求经济收入，以满足生活和发展的需求。在做职业决策时，大学生要尽量避免将来的经济收入不能满足生活需要的情况发生。

【案例分享】

小江是一个各方面能力都很优秀的大学生，所学专业也比较热门，找份好工作似乎很容易。但在毕业后的短短几年间，他跳槽了十几次。跳槽的主要原因是个人生活花销太大，工资收入达不到自己的期望，以致连从事自己喜欢的工作都提不起兴趣，所以小江一直没有找到稳定的工作，他觉得自己在社会中没有归属感。

有些大学生在求职时，一味地追求高薪体面的工作，这非常不利于职业生涯的长远发展。最主要的原因是他们缺乏对自己合理的定位，盲目地把短期的经济收入作为衡量职业价值的标准，从而忽视了个人价值的体现。如果只把所谓的好工作定义为拿一份高薪，对职业生涯的整体发展是不利的。面对这类情况，大学生有必要对职业生涯发展的重心进行调整，正确审视自己的能力和需求，结合客观环境，明确自己的职业定位。

3. 个人身心的即时状态

在职业生涯决策的过程中，每个人都会遇到各种各样的问题和障碍，要做出科学合理的决策，就需要保证个人的身体、情绪和精神都处于较佳状态。大学生处于成长的快速阶段，身心状态容易发生较大的波动，面对职业生涯决策这一人生重大选择时，会感到极大的压力和迷惘。所以在决定职业发展方向的过程中，大学生要及时调整好个人状态，处理好个人状态与职业生涯规划之间的矛盾，把握好个人的前途。

（二）社会因素

社会环境中的政治经济形势、产业结构变化和流行的价值观念，会形成不同的经济、历史和文化等社会条件，从而给个体传递不同的职业信息，这无疑会在不经意间对个人职业生涯决策造成重大的影响。由此可见，与职业环境相关的社会因素，都是影响职业生涯决策的因素。

因此，大学生需要结合社会声望、政治因素以及地域因素进行考虑，并根据实际情况适时调整策略，以适应职业生涯的整体发展要求。

1. 社会声望

社会声望由职业所拥有的社会地位和资源决定，是影响人们职业生涯决策的主要社会因素。职业没有贵贱之分，但是在现实世界里，人们对职业的看法和评价实际上是高低不一的。

作为价值观的一种取向，追求社会地位无可非议，但大学生应该充分了解自己的实际情况，避免因过分追求社会声望高的职业，而对自己职业生涯的整体规划造成不良影响。

2. 政治因素

从社会整体大环境来看，很多行业的未来发展趋势和政府导向密切相关，国家的政治和政策因素对大学生职业生涯决策有不容忽视的影响。政治制度与经济是相互影响的，国家政策影响一国的经济体制，而经济体制决定企业的组织体制和发展状况，从而影响个人的职业发展方向。

3. 地域因素

地域因素是大学生职业生涯决策的一个重要因素。总体来讲，市场化水平和经济增长水平相对较高的长江三角洲区域、珠江三角洲区域和环渤海区域是大学生职业生涯发展的主要阵地。受区域经济发展水平的影响，全国每年有七成以上的大学生在这三个区域就业，而经济相对滞后的偏远地区则少人问津。由此可见，地域因素对职业生涯规划的影响是普遍存在的，大学生在做职业生涯决策时，应该结合区域经济的发展状况，选择或制订更贴近自身状况的发展方案，以实现职业生涯的良好、有序发展。

（三）其他因素

个体对职业的认识是不断加深的，职业生涯决策的能力是不断提高的。在影响职业生涯决策的所有因素当中，除了个人因素和社会因素，还有来自家庭环境和教育环境的影响。大学生充分整合影响职业生涯发展的各个因素，有利于增加职业生涯决策的合理性。

1. 家庭环境

家庭是造就个人素质、影响人生发展的重要因素之一，对个人制定职业生涯规划起着举足轻重的作用。一个人的价值观和行为模式的形成往往受家庭成员潜移默化的影响，家庭经济状况、长辈的期望等会对大学生在择业和职业转换等方面产生很大的影响。

2. 教育环境

个人受教育层次的不同，形成的知识结构、能力结构和职业素质结构也会有所不同，从而使受教育者形成不同的思维模式，进而影响职业生涯规划的质量。另外，学校的软硬件配套也将影响个人的职业生涯规划的实施。

大学生的能力和价值观是需要在实际的工作和学习中不断完善的，参考和借鉴就是一个学习和成长的过程。然而，每个人的具体条件和面临的环境因素是复杂多样的，不可能存在相同的职业生涯。在了解别人成长历程和发展轨迹的过程中，大学生不仅要借鉴他们的成功经验，而且应该多总结一些失败的原因，这样做有利于职业轨迹的稳定和健康发展。在借鉴的过程中一定不能生搬硬套，而要善于学习和利用他人的正确观点和办法，克服不利的影响因素，从而探索出适合自己发展的方向和途径，这才是实现职业生涯决策的最佳途径。

【学习感悟】

职业生涯决策又称职业决策或职业决定，它有广义和狭义之分。广义的职业生涯决策是指一个完整职业规划的过程，一般包括以下步骤：决策意识觉醒、自我评估、职业分析、综合自我与职业信息、确定方案、实施方案、评估、新一轮的觉醒……狭义的职业生涯决策是指职业规划过程中的一个环节，即从几个职业备选方案中选择一个"确定"环节。

职业生涯决策是一个过程，而不单单是一种结果，不同的职业生涯决策风格和方法都会影响职业生涯决策的结果。因此，在进行职业生涯决策之前，大学生首先要判断自己的决策风格，并有意识地进行调整。

【自我训练】

请回想你在生活中所做的五个重大决定，并按以下几个方面加以描述：①目标或当时的情境；②你所有的选择；③你最终做出的选择；④你的决策方式；⑤对结果的评估。

我的五个重大决定：

_____

我在重大事件上通常表现出的决策风格：

_____

【价值引领】

经过长期努力，中国特色社会主义进入了新时代。新时代要有新气象，更要有新作为。当代中国青年生逢其时，施展才干的舞台无比广阔，实现梦想的前景无比光明。进入新时代后，我国政治、经济、文化、社会环境各方面的巨大成就都对当代大学生的人生定位、职业生涯规划产生了积极的影响。大学生也要站在服务国家发展、服务社会进步、促进个人成长的高度上，明确目标，找准方向，不断提升政治觉悟，响应国家的号召，努力提升自我，科学有效地设计职业生涯发展路径，为未来的发展做足准备，为实现中华民族伟大复兴的中国梦而不懈奋斗！

【生涯计划】

想一想，你是怎么做决定的。

① 请回想你在高考报志愿时的情景，两人为一组，各自向对方描述当时的目标、面临的选择、选择的过程、最后的选择。

② 两人相互提问题：你的选择过程有没有问题？你是否曾为自己的选择感到后悔？如果可以重新选择，你会怎样选择？在面对生活中的其他重要选择时你通常采取什么样的决策模式？结果如何？

③ 思考两人在做决定时有什么不同？对方有哪些好方法可以为己所用？自己在选择时需要做哪些改进和努力？

第二节　职业生涯决策方法

一、SWOT 分析法

职业生涯规划是个体通过对个人能力、兴趣、性格和价值观的解读，并结合外界环境做出的总体战略部署。合理的安排和决断是这一战略发挥作用的关键，因此需要运用宏观的手段进行合理的决策。这就要求在环境分析的基础上，不仅要使职业生涯发展的方向符合个人的实际情况，还要安排和实施后续的行动过程。

SWOT 分析法是市场管理和营销中经常使用的决策方法，该方法通过对自身优势（strength，S）、劣势（weakness，W）、机会（opportunity，O）和威胁（threat，T）的分析判断来做决策。因其兼顾内外因素（S、W 为内部因素，O、T 为外部因素），所以能够很好地将个人目标、个人条件和外部环境有机结合起来。SWOT 分析法可以分为两部分：第一部分为 S、W，主要用来分析个人条件；第二部分为 O、T，主要用来分析外部条件。利用这种分析方法，可以从内外条件的优劣势中直观地找出对个人有利的、值得发扬的因素，以及对自己不利的、要避免的因素。这样可以快速地发现机会与优势的契合点，对契合点进行相应的分析，就可以明确以后的发展方向。总的来说，这种分析法在实际运用中具有明显的科学合理性，因此可以将分析结果作为职业生涯决策的主要依据。SWOT 分析示意图如图 5-1 所示。

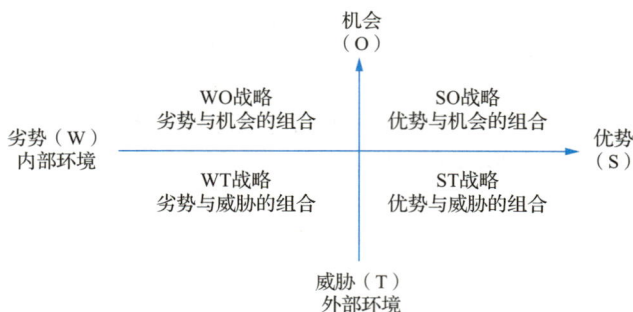

图 5-1　SWOT 分析示意图

根据 SWOT 分析法的分析结论，还可以将事情按轻重缓急分类，明确哪些是急需解决的事情，哪些是可以稍微拖后的事情，哪些属于战略目标上的障碍，哪些属于战术上的问题。将这些需要研究的对象一一列举出来，依照矩阵形式排列（表 5-1），然后用系统分析的方法把各种因素组合起来进行分析。通过综合分析，可以帮助大学生从中得出具有决策性的结论，从而对职业生涯规划做出合理的策划和安排。

表 5-1　SWOT 矩阵分析表

存在的优势：	存在的劣势：
实际的机会：	潜在的威胁：

大学生在职业生涯规划决策中，应该对自身进行细致的 SWOT 决策分析，清楚自己的优势与劣势，并分析和评估职业生涯后续会面临的机会与威胁。在实际操作过程中，可参照以下四个步骤。

第一步，评估自己的长处和短处。发现短处与发现长处同等重要，所以要根据个人的价值观、性格、兴趣和能力，在找出自身优势和长处的同时，也要认识自己的劣势和短处，其作用与意义有两点：一是放弃那些不擅长的、技能要求不易达到的职业；二是规避自身的缺陷与短板，在完善自我的过程中提高自身素质。

第二步，对个人所处的环境和情况进行全面、系统、准确的研究，分析自己可能面临的职业机会和威胁。任何行业在发展过程中的机会与威胁都是并存的，这些机会与威胁在很大程度上制约着个人职业生涯的发展。例如，某一行业由于污染严重，必然会在发展的过程中受到相关因素的限制，这一行业的发展空间和机会将会越来越小。因此，对外界因素的分析和认识是判断机会与威胁的必要条件和途径。

第三步，确立自己的中长期职业目标，根据目标制定相应的发展战略、计划以及对策等。职业目标是人们竭尽所能想要达到的理想位置，这就需要充分考虑外界环境和行业环境为自己提供的优势，把自己的职业目标具体化。例如，把职位的大小、薪资的高低或具体创造的社会价值和财富进行量化，以进一步整合个人与外界环境之间的矛盾，从而找到最优的发展途径。

第四步，对职业目标的可能性和可行性做系统的论证。这时，需要为上一步骤中所列出的职业目标拟订一份具体的行动计划，并结合 SWOT 矩阵中内外因素的优势与劣势，详细论证达成这些目标的可能性。例如，分析管理职位需具备的领导能力和管理能力、要获得预期的报酬需要具备的相关业务能力或专业技能等，这需要大学生结合自身情况进行探讨，并对职业计划和行动进行理性的分析。了解实现该职业目标需要的能力后，便可从实际出发，以此来判断满足和达到这些条件的可能性。

SWOT 分析法运用起来简单直观，它既是寻找目标方案的有效手段，又是验证方案可行性的有效办法。SWOT 分析法在应用于职业生涯决策过程中时，从拟定职业目标的过程和结果入手，能对大学生"可能实现的事"进行透彻的分析，这是职业生涯决策过程中最直接有效的途径。另外，这种把个人能力和环境因素同等看待的分析方式，非常有利于个人与环境的平衡和优化，增加了职业生涯的可持续性发展，也为大学生职业生涯决策的研究指明了方向。

【案例分享】

小张是一名市场营销专业的大三学生，他十分想成为一位成功的企业营销精英。为了达成这一职业目标，小张进行了较为具体的 SWOT 分析，以便扬长避短，不断改进。表 5-2 就是小张的 SWOT 分析表。

表 5-2 小张的 SWOT 分析表

	内部优势： S_1：市场营销专业素质较高 S_2：比较善于与成年人打交道，语言表达能力强 S_3：积极参加校外实习、顶岗实践 S_4：有做事就一定要做好的习惯	内部劣势： W_1：一些基础课程和文科课程成绩一般 W_2：性格中有暴躁的地方
外部机遇： O_1：我国经济发展迅速，企业对市场营销人才的需求增大 O_2：晋升空间大	优势—机遇（SO）： S_1、S_2 和 O_1：继续努力学习，保持自己的优势，把自己培养成能够满足时代需要的复合型营销人才 S_3、S_4 和 O_2：抓住机会运用自己的专业优势。要努力抓住大型企业招聘实习的机会，为自己的履历增彩	劣势—机遇（WO）： W_1 和 O_1、O_2：努力培养其他方面的优势，使之弥补一些基础课成绩不好的劣势 W_2 和 O_1、O_2：培养自己冷静、稳重的处事风格，纠正暴躁这一性格弱点
外部挑战： T_1：工作团队内竞争激烈，压力很大 T_2：工作、生活节奏较快，对工作效率要求较高	优势—挑战（ST）： S_1、S_2、S_3、S_4 和 T_1：发挥自己的专业优势和沟通能力，出色完成任务，这对自己的心理素质也是极好的锻炼 S_1、S_2、S_3、S_4 和 T_2：研究如何科学高效地管理时间	劣势—挑战（WT）： W_1 和 T_1：提高自身修养，冷静面对压力 W_2 和 T_2：学习科学管理时间的课程

二、5W 分析法

5W 分析法是用五个"W"来思考职业生涯规划，具体来说就是要解决职业生涯规划的五个具体问题。如果能够成功解答出这五个问题，就有了最后的答案。

"Who am I？"（我是谁？）是指对自己进行深刻的反思，充分了解自己的优点，对自己有一个全面、客观、清醒的认识。

"What will I do？"（我想干什么？）是指自己要清楚地知道想要什么样的职业和什

么样的生活。

"What can I do？"（我会干什么？）是指要清楚自己能干什么或者哪些方面可能有发展的潜力，这是对自己能力的考量。个人职业的定位必须以自身的实力、能力作为根基，而职业发展空间则取决于自身潜力的大小。

"What talented person does society need？"（社会需要什么样的人才？）主要是指周围环境资源的支持，这种支持将有助于自身的发展。可以通过对客观因素和主观因素的深入调查，做可行性分析，这些分析既包括经济发展、政策、制度、职业空间、社会企业发展等客观因素，也包括朋友关系、社会人脉等主观因素。

"What does the situation allow me to do？"（环境支持或允许我做什么？）是指确立自己的最终职业目标。当然，对这个问题的回答是建立在前四个问题的基础之上的。

回答了以上五个问题，就能对自己的职业定位有一个清晰的认识。

三、决策平衡单法

决策平衡单法是一种可以帮助人们具体地分析每一个可能的选择，考虑各种方案实施后的利弊得失，最后排出优先顺序，确定选择方案的决策方法。

决策平衡单经常被应用于问题解决模式和职业咨询中，用以协助咨询者系统地分析每一个可能的选项，判断分别执行各选项的利弊得失，然后依据其在利弊得失上的加权计分排定各个选项的优先顺序，以执行最优先或偏好的选项。决策平衡单在职业咨询中实施的程序主要有下列步骤。

（一）列出可能的职业选项

首先需要在决策平衡单中列出三至五个有待深入评估的潜在职业选项。

（二）判断各个职业选项的利弊得失

决策平衡单提供咨询者思考的重要得失，集中于四个方面，分别是自我物质方面的得失、他人物质方面的得失、自我精神方面的得失、他人精神方面的得失。咨询者可依据重要的得失方面，逐一检视各个职业选项，并以"+5"至"−5"（+5，+4，+3，+2，+1，0，−1，−2，−3，−4，−5）的分值来衡量各个职业选项。

① 自我物质方面的得失包括薪水、福利待遇、工作环境、休闲时间、变化、工作胜任程度、升迁机会、对健康的影响等。

② 他人物质方面的得失包括给家庭带来的经济支持、工作对家庭地位的影响、与家人相处的时间等。

③ 自我精神方面的得失包括成就感、自我实现、生活方式、工作的挑战性、社会地位和声望的影响、个人兴趣爱好、家人是否支持等。

④ 他人精神方面的得失涉及父母、师长、配偶、孩子等。

（三）各项考虑因素的加权计分

咨询者对各个方面的利弊得失，会因身处于不同情境而有不同的考量。因此，在详细列出各项考虑层面之后，须再进行加权计分，一般加权的权重为1～5。

（四）计算出各个职业选项的得分

咨询者需要逐一计算各个职业选项在"得"（正分）与"失"（负分）方面的加权计分与累加结果，并计算各个职业生涯选项的总分。

（五）排定各个职业选项的优先顺序

依据各职业选项在总分上的高低，排定优先次序。职业选项的优先次序即可作为咨询者职业生涯决策的依据。

【案例分享】

小李是2023级国际经济与贸易专业学生，他打算参加研究生考试，也想做英文记者或导游，因此一直犹豫不决。

小李运用决策平衡单来做决策。表5-3是一个比较"国际经济与贸易专业研究生"、"英文记者"和"导游"这三种选择的决策平衡单。

表 5-3　小李的决策平衡单

考虑因素	权重	选择一：国际经济与贸易专业研究生		选择二：英文记者		选择三：导游	
	1～5	加权分数（+）	加权分数（－）	加权分数（+）	加权分数（－）	加权分数（+）	加权分数（－）
自我物质方面的得失							
1. 个人收入	3	0（0）		2（+6）		4（+12）	
2. 未来发展	4	5（+20）	-1（-2）	4（+16）		2（+8）	
3. 休闲时间	2			0（0）		3（+6）	
4. 对健康的影响	1	2（+2）		2（+2）		4（+4）	
他人物质方面的得失							
1. 家庭收入	3	5（+15）	-1（-3）	2（+6）		4（+12）	
2. 家庭地位	2			3（+6）			-2（-4）
自我精神方面的得失							
1. 创造性	5	4（+20）		4（+20）		4（+20）	
2. 多样性和变化性	5	4（+20）		5（+25）		5（+25）	
3. 影响和帮助他人	4	3（+12）	-1（-4）	4（+8）		5（+10）	
4. 自由独立	4			4（+16）		5（+20）	
5. 挑战性	3	5（+15）		3（+9）		4（+12）	
6. 被认可	3	4（+12）		5（+15）		5（+15）	
7. 应用所长	5	2（+10）		5（+25）		5（+25）	
8. 兴趣的满足	4	3（+12）		5（+20）		5（+20）	
他人精神方面的得失							
1. 父亲	3	5（+15）		3（+9）		3（+9）	
2. 母亲	3	5（+15）		2（+6）			-1（-3）
3. 男朋友	2	3（+6）		4（+8）		4（+8）	
4. 老师	1	5（+5）		4（+4）			-1（-1）
总分		170		201		198	

从决策平衡单中可以发现，英文记者这个选项得分高，因此建议小李选择英文记者作为自己的就业方向。

【学习感悟】

大学生要实现自己的职业目标，必须在大学期间进行充分的准备。每个人的职业目标不同，道路也不相同，每条道路上为实现目标做出的准备内容也不尽相同。但总的来说，在大学期间需要进行两方面的准备：一是培养自己的综合素质和通用能力，二是培养自己的专业素质和专业技能。大学生在保证不耽误学业的前提下，应该尽可能多地接触社会和参加社会实践，锻炼自己的能力，积累工作经验，做好由"校园人"向"社会人"转变的准备。

【团队训练】

阅读以下资料，帮助孙亮进行职业生涯决策。

孙亮，男，汉族，22岁，市场营销专业大三学生。他学习成绩优秀，专业技能良好，最感兴趣的课程是"销售管理""市场分析""市场调研与预测"等经济管理方面的课程。

孙亮平时较为喜欢文学、体育、历史、政治、地理等，他热爱吟诗作词；喜欢意大利足球甲级联赛中的"国际米兰俱乐部"和中国足球超级联赛中的"河南建业足球俱乐部"；热衷于探讨政治；喜欢收看电视节目《探索·发现》等。

孙亮爱好广泛，性格偏内向，外表冷静，但内心充满热情，善于自主学习，喜欢超越自己的感觉，还喜欢幻想未来的一幕幕美好场景。

孙亮的父母均是农民，有两个姐姐和一个哥哥，均已结婚生子。近年来，孙亮从高中就存在的焦躁情绪越来越严重。还有一年就要毕业，面对因供养自己上大学依然每日操劳的父母，他想早点离开学校，自己创业，这样可以改变家庭现状，学有所用，又能实现自我价值。但他始终不清楚自己是否适合创业，如果适合创业，怎样才能实现自主创业，创办什么样的企业。但是家人不支持孙亮创业，希望他从事比较稳定、保障性好的工作。

步骤：

① 每四人为一组，每人利用一种决策方法帮助孙亮进行分析。

② 对四种决策方法的结果进行互评打分（表5-4）。

③ 形成孙亮的最佳职业选择方案。

表5-4　互评打分参考表

序号	方法运用准确性（50分）	阐述渲染（20分）	选择职业可行性（20分）	项目完成速度（10分）	总分
1					
2					
3					
4					

【价值引领】

　　决策能力是决策者所具有的参与决策活动、进行方案选择的技能和本领。能力是在人的生理素质的基础上，经过后天教育和培养，在实践活动中逐步形成和增强的，是人的智慧、经验和知识的综合体现。决策能力是一个多层面的能力体系，它主要包括三类。

　　① 基本能力。它是进行决策活动应具备的起码的技能和本领，人的正常体力、学习能力、思维能力、认识能力、语言表达能力就属于这一类。

　　② 专业能力。它是使决策能达到预定目的、取得一定成效所需要的技能和本领，决断能力、分析能力、综合能力、判断能力、组织能力、指挥能力、控制能力、自检能力就属于这一类。

　　③ 特殊能力。它是使决策具有创造性、产生极大成效所需要的不同寻常的技能和本领，逻辑判断能力、创新能力、优化能力、灵活应变能力、人际交往能力就属于这一类。决策能力除了有类的区分外，还有量的差别。

【生涯计划】

　　（1）针对你选择的职业方向，你想在何时实现？

_____

_____

　　（2）你的计划是什么？你的长期目标、中期目标、短期目标分别是什么？

_____

_____

　　（3）为了实现你的各项目标，你将做出何种努力？

_____

_____

　　（4）如果你的短期目标和中期目标实现了，你打算如何犒劳自己？

_____

_____

　　（5）如果你在执行计划中受挫，你将如何调整计划？

_____

_____

_____

【案例分享】

　　俄语系大学三年级女生小苏最近为毕业去向烦恼。受室友的影响，她也觉得考研不错，但又担心自己考不上，即便考上了又怕忍受不了做研究的枯燥。她热衷校内外各种实践活动，觉得自己可能更适合毕业后直接工作。但她了解到俄语专业的女生，就业形势不如男生，且大部分是与销售相关的工作，有的还需要常驻国外，她不喜欢。一想到跨专业就业她就很没有信心。她认为自己除了英语四级，就没有其他可以拿得出手的资本了。为此她非常纠结，不知道如何选择。

英语翻译专业研究生二年级男生小林在知名英语教育机构兼职任教，由于表现出色，该机构希望他毕业后能留任。他对英语教育这个领域很感兴趣，也知道自己的性格、兴趣、能力等都非常适合这份工作，但他却犹豫了。受在市外侨办工作的父亲影响，成为一名外交官是他的一个梦想。近两年来，学校陆续有毕业生考入外交部，他内心开始动摇。

案例中两个大学生都碰到了职业生涯决策的问题。决策在我们的生活和学习中无处不在。小到决定去哪儿吃饭，大到选择职业和终身伴侣，不少人都为之所困。很多人不敢轻易做决定，往往觉得这个不错，那个也想要，迟迟做不了决定，或者害怕做错了决定会后悔，左右为难，更有甚者，刻意逃避做决定。科学、客观地做职业生涯决策，是大学生应具备的能力。

第六章　制定个人规划 探索职业发展路径

第一节　制定职业生涯规划

一、职业生涯规划设计步骤

要做好职业生涯规划就必须按照职业生涯设计的流程，认真做好每个环节。职业生涯设计的具体步骤概括起来主要有以下几个方面。

（一）评估真实自我

评估真实自我是指从自己的兴趣、性格、价值观和能力方面进行探索，明确自身优劣势，有的放矢。

自我评估的目的，是认识自己、了解自己。因为只有认识了自己，才能对自己的职业做出正确的选择，才能选定适合自己发展的职业生涯路线，才能对自己的职业生涯目标做出最佳抉择。自我评估包括评估自己的兴趣、特长、性格、学识、技能、情商、思维方式、思维方法、道德水准以及社会中的自我等。一个有效的职业生涯规划必须是在充分且正确认识自身条件与相关环境的基础上进行的。

（二）探索职业世界

探索职业世界主要是评估各种环境因素对自己职业生涯发展的影响。重要的是要了解目前状况下职业发展的趋势和变化因素，包括组织环境、政治环境、社会环境及经济环境。每个人都处在一定的环境之中，离开了这个赖以生存的环境便很难生存和成长。所以，在制定个人职业生涯规划时，要分析周围环境条件的特点、环境的发展变化情况、自己与环境的关系、自己在这个环境中的地位、环境对自己提出的要求以及环境对自己有利的条件与不利的条件等。只有充分了解这些环境因素，才能做到在复杂的环境中避害趋利，职业生涯规划才具有实际意义。

（三）确定职业目标

是否选择了适合自己的职业目标直接关系到人生事业的成败，因此，职业选择对人生事业的发展十分重要。如何才能选择正确的职业目标呢？除了选择自己能够胜任和喜欢的之外，还要考虑以下几点：性格与职业的匹配、兴趣与职业的匹配、特长与职业的匹配、内外环境与职业相适应。

（四）制订计划与路径

在职业目标确定后，就要选择发展路线。例如，是向行政管理路线发展，还是向专业技术路线发展；是先走技术路线，再转向行政管理路线，还是一直走技术路线……发展路线不同，对职业发展的要求也不尽相同。因此，在职业生涯规划中，需要做出职业抉择，以便让自己的学习、工作以及各种行动措施沿着规划好的职业生涯路线或预定的方向前进。最好制定出与自己的职业目标或方向适合的短期、中期、长期目标，并重点对短期目标（大学学习）进行分解，具体到每一个学期，结合自己的学习，制订每周或每个月的学习和生活计划。

（五）评估与修订

俗话说："计划赶不上变化。"计划总在实践中被发现与实际情况有出入，而且随着计划的执行，许多不确定的、难以预料的问题总会出现，影响计划实现的因素越来越多。在这样的状况下，要使职业生涯规划行之有效，就需要不断地对职业生涯规划进行评估与修订，根据实施的实际情况对计划进行适时的修改完善，以便顺利如期实现职业目标，实现人生跨越，收获成功。

【学习感悟】

决定职业声望高低的主要因素包括以下几个方面。

（1）职业环境：任职者所能获得的工作条件的便利与社会经济权利的总和，包括职业的自然环境与社会环境，如工作的技术条件、空间环境、劳动强度、工资收入、福利待遇、晋升机会等。

（2）职业功能：一定的职业对提高国家的政治、经济、科学、文化水平的意义及其在社会生活中对人民的共同福利所担负的责任。

（3）任职者素质：文化程度、能力、政治态度、道德品质等。职业环境越好，职业功能越强，任职者的素质越强，职业声望就越高。人们对职业声望的评价具有相当大的一致性。

（4）社会报酬：职业提供给任职者的工资收入、福利待遇、晋升机会、发展前景等。一般来说，工作收入高、福利待遇好、晋升机会多、发展前景大的职业，其声望评价较好。

二、职业生涯规划书的制定

（一）制定职业生涯规划书的目的

职业生涯规划书是个人进行职业规划的行动指南。制定职业生涯规划书时，首先要明确它的目的和意义。

（1）对自己的综合优势与劣势进行对比分析，了解自身的优劣势。

（2）正确认识自身的个性特质、现有与潜在的资源优势，重新对自己的价值进行定位。

（3）树立明确的职业发展目标与职业理想。

（4）评估个人目标与现实之间的差距。

（5）确立与实际相结合的职业定位，搜索或发现新的或有潜力的职业机会。

制定职业生涯规划书的最终目的是不断增强就业竞争力，顺利找到适合自己的工作，实现自己的职业目标与理想。

（二）制定职业生涯规划书的原则

有些大学生制定的职业生涯规划书内容丰富、版式漂亮，但几乎没有任何实用价值，甚至是天方夜谭。如果只是为了参加比赛，职业生涯规划书就完全没有它存在的价值。只有能产生实际作用、能指明发展方向的职业生涯规划书，才能算得上是完整的、科学的、可行的个人职业发展方案。

职业生涯规划书的制定必须遵循一定的原则，以保证其不是夸夸其谈，而是具备实用价值。

1. 可行性

只有在实际中可操作的职业生涯规划书才具有价值，这就要求在制定它的前期，要对相关领域做尽可能多的信息搜集，多做现实调查，加深对实际状况的了解和理解。

2. 客观性

职业生涯规划书中的内容必须实事求是，其中不仅要包含对自身优势的分析，对自身劣势也要有透彻的剖析。

3. 预见性

对目标行业未来的发展趋势要有自己的理解、预测和判断。

4. 个性化

职业生涯规划书一定是根据自身实际状况而量身定做出来的，不能简单复制别人的成功路径和模式。

（三）职业生涯规划书的要素

1. 自我认知

自我认知包含两部分：一是对自己性格、兴趣、价值观的剖析；二是对自己知识、技能、经历、天赋等方面的分析。这些内容是形成职业定位的最基本要素。

2. 对外界环境的认知

对外界环境的认知包括对目标工作领域、目标岗位所涉及的行业发展信息和未来前景、相关企业的发展状况、岗位的基本职责和职能要求等的分析。此内容可以通过寻找实习机会，或者通过非正式采访相关业内人士来获得，然后通过整理、归纳，形成自己对该领域发展现状和未来趋势的理解。这些内容是形成职业定位的重要内容。

3. 综合内外，形成定位

对自我认知、自身价值的客观评估及目标行业趋势、就业机会等方面进行综合分析，逐步将自己的职业定位锁定在具体行业中的具体职位。例如，广告行业策划总监或消费品行业市场总监等。切忌笼统地设定"我可以做市场""我能做销售"等模糊的目标。

4. 具体的目标设定

具体的目标设定即是在有了清晰的职业定位后，根据职业定位找到合适的发展切入点，也就是说要找到起步的地方。没人能一步实现最终的职业目标，需要循序渐进，一步步向终极目标靠近。因此，要围绕终极目标设计发展通道，即把目标的实现具体化，形成发展通道，如软件行业售前顾问（产品经理）—高级售前顾问（高级产品经理）—售前顾问部经理。

5. 行动计划

有了目标和路线，还需要切实可行的行动实施方案。此时，要根据发展路线，将目标进一步细化，制定分阶段目标，同时设定好时间节点，并将每个阶段应完成的任务清晰地罗列出来。如此一步步细化下来，便能得到一套完整的行动方案。此外，要结合自己的实施方案和发展现状匹配相应的学习方案，以补充相关知识，培养专业技能，积累心理资本等，对职业生涯规划进行查漏补缺，并进一步提高自身价值，这样才能让职业生涯得到改善和提升，从而实现自己的终极目标。

（四）制定自己的职业生涯规划书

大学生职业生涯规划书

一、职业生涯规划基本信息

姓名		出生年月		照片
性别		民族		
籍贯		生源地		
专业		年级		
兴趣、特长				
目标职业		目标城市		
目标职业理由（100字以内）				
备选职业	1.	2.		

二、职业生涯规划书（正文不超过 5000 字）

1．自我认知（主要从优劣势、个人兴趣等方面分析自我，并运用人才测评工具评估）

2．职业认知（应用文献检索等方法介绍整体就业趋势、目标行业的现状、工作内容、对生活的影响等）

3．职业决策（详细描述职业目标的选择过程、备选目标，要求职业决策符合外部环境和个人特质，正确运用评估理论和决策模型）

4．计划与路径（个人近期、中期、长期发展计划，要求符合逻辑和现实，具有可操作性）

5. 自我监控（要求科学设定评估方案，并制订调整方案，具有可操作性）

【学习感悟】

　　职业生涯规划是指结合自身条件和现实环境，确立自己的职业目标，选择职业道路，制订相应的培训、教育和工作计划，并按照职业生涯发展的阶段实施具体行动，从而达到实现目标的过程。它是个人在对职业生涯的主客观条件进行测定、分析、总结的基础上，对自己的兴趣、爱好、能力、特点进行综合分析与权衡，结合时代特点，根据自己的职业倾向，确定最佳的职业奋斗目标，并为实现这一目标做出行之有效的安排。职业生涯设计的目的绝不只是帮助个人按照自己的资历条件找到一份合适的工作，更重要的是帮助个人真正了解自己，为自己定下事业大计，筹划未来，根据主客观条件设计出合理且可行的职业生涯发展方向。由于职业生涯贯穿着人的一生，因此，对职业生涯的规划，就是为自己的未来人生绘制理想的蓝图。

【团队训练】

　　两人一组讨论：

（1）达到成功的路最近的是哪一条？

_____

_____

_____

（2）为什么心态的作用至关重要？

_____

_____

_____

【价值引领】

职业生涯规划的关键就是要解决干什么、何处干、怎么干、以什么样的心态干的问题，可以概括为"四定"——定向、定点、定位、定心。大学生应从国家发展的高度、自身成长的角度合理规划人生，做对社会有用的人。

【生涯计划】

请根据自己的专业，制定一份学业规划书。

_____

_____

_____

_____

_____

第二节　实施职业生涯规划

目标是用来实现的，而不仅仅是用来憧憬的。每个人都有自己的学习规划和职业生涯规划，在确定自己的目标后，实现目标的方法和途径就是面临的一个非常现实的问题。要尽可能地把能够实现的目标详细列出来，并加以合理选择后进行落实。

一、职业生涯规划实施原则

职业生涯规划实施的途径有多种，这就要求大学生要认真评估，根据自身情况选择最适合自己的实施途径。可供参考的实施原则包括但不限于以下几个。

（一）分类原则

当面对多种途径并存的状态时，首先要考虑的就是将多种途径按照不同的标准来进行具体分类。例如，按照自我的知识技能水平、业务能力和素质、实践能力、人际关系、沟通能力的提升等方面，对实施途径进行分类。

（二）比较原则

在分类的基础上，进行同类间的比较。在同一类型的实施途径中，将每一实施途径的优点和缺点分别列出，之后进行客观、准确的对比。例如，加强自我实践能力的实现途径包括勤工俭学、校内外兼职、专业实习、协会社团活动、志愿者服务等，这就要比较每种途径的实施效果、时间安排等，比较后做出选择。

（三）权衡原则

在做出最后的途径选择之前，需要有一个权衡的过程。最优的途径并非最佳的选择，因为适合自己的途径才是最好的途径。例如，对于沟通能力的提升，参加专业培训机构的集中培训可能是最省时且有效的途径，但是培训的费用并不一定每个人都能够承担，而选择参加校内各类以沟通为训练目标的工作坊或者协会或许更加合适。

二、职业生涯规划调整

（一）职业生涯规划调整的原因

职业生涯规划不是一次完成的，它是一个不断循环的动态过程。在制定职业生涯规划书的时候，难免有一定的遗漏和疏忽，而且外部环境也一直在变化之中，因此，职业生涯规划也应与时俱进，根据现实情况适时调整。

调查表明，不少人是在一段时间的职业生涯实践之后，才了解自己到底适合哪个领域、在哪个层面工作的。在缺乏调整的情况下，这段时间可能长达十几年，或者需要较大的挫折才能使人猛然觉察到自己的职业瓶颈，或者通过继续学习，才能更清醒地发现自己的潜能、长处和短处。在一个人自我觉醒和目标设定正确时，评估和调整同样可以纠正分阶段目标中出现的偏差，同时极大地增强实现目标的信心。职业生涯规划的调整是职业生涯中不能回避的问题，也是保证职业生涯目标实现的重要手段之一。

（二）职业生涯规划调整的原则

1. 灵活性原则

经济、社会、技术在迅速发展，根据环境、自身客观条件的变化，经过尝试和实践的检验，对自身的认识不断进行调整和完善，及时进行反馈与调整，适时进行微调，更有利于职业生涯目标的实现。在多元化和全球化的今天，职业更新速度加快，必须随时准备转换职业角色。大学生要善于灵活地从一个角色迅速转换到另一个角色。

2. 发展性原则

一个复合的社会不仅需要专业化知识，还需要通用化及多样化的技能。为未来的职业考虑，绝不应只"低头拉车"，专心研究某一专业知识，还应同时"抬头看路"，看看这种专业知识在未来社会是否还为人们所需求，看看现在的社会正发生着怎样的变化，看看什么样的新技能已经出现，需要尽快学习和掌握。要从长远来看问题，在职场上，多掌握几种技能要比只精通一门狭窄的专业知识更有前途。

3. 一致性原则

个人的职业生涯目标与组织发展目标相吻合，对个人、组织和社会都具有重要意义。如何让个人的发展与组织的发展相一致，这是组织开发人才必须解决的一个问题，也是个人职业发展不能回避的问题。

个人的职业生涯目标策略或决定必须考虑所处组织的现实，职业的发展不可能脱离组织所界定的规范和组织的发展目标。个人是无法自足的，很多事情须依赖他人、组织或社会，也只有在团体和社会里，个人才能得到认同、体会到自己的价值。既能使个人成才，又能满足组织所需，这才是最好的选择。

4. 平衡性原则

职业生涯规划调整还包括为平衡职业生涯目标和其他目标（如生活目标、家庭目标）而做出的种种努力。因为人不仅仅是自己一个人在生活，人生也不是只有工作，人们也不是仅扮演职业人的角色。如果忽视了生活目标和家庭目标的协调一致，平衡不好生活中的诸多需要，要想长久保持工作中出色的表现几乎是不可能的，而且职业生涯目标的实现也会遇到许多牵扯精力的障碍。

（三）职业生涯规划调整的内容

职业生涯规划调整包括多个方面，当自身情况的变化和周围环境变化出现的时候，需要科学设定评估方案、评估行动计划实施过程和风险、制订切实可行的调整方案。

下面以假设的方式对调整内容进行分析归纳。

1. 职业目标调整

（1）假如在公司内一直不被器重，一直被排挤，我会重新选择公司。

（2）假如公司的管理理念与我自身的理念不相适应甚至矛盾，我会选择离开该公司，去新的公司寻求发展。

（3）假如公司福利不好，或者工资水平与其他同等公司差距悬殊，我会选择离开公司，去新的公司寻求发展。

（4）假如公司倒闭，我会提前为去新的公司求职做准备，直到公司结束运营后再到新的公司面试就职。

2. 职业路径调整

（1）在大学阶段，假如我发现自己并不适合从事外贸工作，我会选择走适合我的金融方向的路线，进入银行工作，并重新制定职业生涯规划。

（2）在工作初期，假如我发现自己并不适合从事外贸工作，我会考取研究生或者公务员，谋求新的发展方向。

（3）在工作中期，假如我发现自己并不适合从事管理工作，我会争取机会进修工商管理硕士课程，提高自己的管理能力。

（4）在工作后期，假如我发现自己并不适合从事高层管理工作，我会选择提前退休或者到新的公司就职。

3. 实施策略调整

（1）假如我的"亲民"管理路线不适合或者不奏效，我会选择走其他管理路线。

（2）假如短期内工作过于劳累或者压力偏大，过后我会选择请假，到外地散心休养。

（3）假如长时间处于过度劳累状态或者压力过大，我会选择其他公司。

（4）假如公司文化影响力不足，我会强化公司影响力，同时融入自己的管理理念和自己的文化影响因素。

4. 其他因素调整

（1）假如身体出现重大疾病，我会选择辞职，待调理好身体之后，再度就业。

（2）假如家庭发生重大变故，如需要大量资金，我会酌情选择工资较高的工作或者抵押贷款；假如需要长时间陪伴家庭，我会选择辞职，陪伴家庭渡过难关。

（3）假如经济状况不足以维持整个家庭的开支，我会尽量缩减开支，同时寻找第二份职业填补家用。

至于职业生涯规划调整的频率，依据个人实际情况，可以一年或半年做一次评估，在年初制订该年的具体计划并逐月修订，将具体计划按照月、周进行细分，并做好总结工作。积极修正并核查策略和计划，保证目标有效实施。在特殊情况下，如职位变更或者职业变更时期，可随时评估并进行相应调整。

（四）职业生涯规划调整的方法

1. 风险预测

一个职场人必须适应变化，做好职业生涯规划，主动进行风险防范。

相关调查显示，"公司没有发展前景""办公室政治""工种可替代性强""能力与工作不匹配""知识、经验、能力过分透支"等，是最令职场人感到不安全的因素。对于有一定工作经验且处于瓶颈期的职场人士来说，不安全感主要来自对自身未来职业发展的困惑，他们往往担心知识结构和经验的衰退期来得太快，晋升之路越走越窄。对于初入职场的新人来说，不安全感主要来自他们对自身工作能力的担心，担心自己的专业知识还不够，不足以担当、胜任太多的工作。

在进行职业生涯规划时，要培养自己的风险防范能力，如平时有意识地储备人脉资源，或者准备资金支持，或者提早准备相关的知识和技能。现如今，职业风险已经越来越清晰地出现在人们面前，无序性和不确定性已经成为职业的特点，所以要主动进行风险防范。

【案例分享】

李雷的目标是成为安全管理方面的高级管理人员，但在实施过程中他会遇到这样或那样的困难和障碍。所以，围绕实现职业目标的主路线，李雷预测了几个风险因素，并拟定了调整方案，方案的具体内容见表6-1。

表 6-1   李雷的风险预测及调整方案

风险因素	调整方案
由于竞争激烈导致毕业后找不到工作	找出自己的不足，接受专业的培训，学习更好的应聘技巧，为以后的工作做好准备
由于职位紧张导致没有找到适合自己专业的工作	利用在其他岗位上的学习积累一定的经验，同时不要放弃自己专业知识的学习
自己想做的工作没找到	即使找不到合适的工作，也要加强学习，努力提高自己的能力。把握住一切可能的机会，继续寻找可能的工作

2. 职业生涯规划考核

职业生涯规划本身就是绩效考核的起点。在组织中不同级别的成员拥有不同的能力和职责描述，当任务细分到每个人的时候，首先就应该考虑对不同的级别进行不同任务的分配。绩效考核的第一步就是设置目标。职业生涯规划就是员工在企业长期发展的路径，这个长期规划是短期目标的基础。如果没有这个长期规划，短期目标就没有意义。

职业生涯规划也是每次绩效考核的终点。根据不同表现，员工获得不同的激励，这些激励也需要反映在职业生涯的发展上。对于表现优秀的员工，要进行奖励；对于表现欠佳的员工，要进行处理。企业不是仅仅依赖薪水吸引员工，而是依赖员工的职业生涯发展带来更多的益处。职业生涯规划考核的具体内容见表6-2。

表 6-2　职业生涯规划考核

项目	具体内容
职业生涯规划考核	1. 在工作中，你什么做得好？什么做得不好？ 2. 在工作中，你还需要什么？是需要学习、扩大权力，还是需要增加经验？ 3. 怎样应用你的培训成果？你拥有什么资源？ 4. 对于职业生涯发展，你现在应该停止做什么？开始做什么？培训和工作的时间如何安排？
职业生涯规划调整	1. 职业的重新选择 2. 职业生涯路线的重新选择 3. 人生目标的修正 4. 实施措施与计划的变更等

3. 职业生涯规划调整"三步走"策略

1）找准差距

差距是一个人职业素质的现状与实现职业生涯目标所需职业素质之间的差距，包括思想观念上的差距、知识上的差距、心理素质的差距以及能力上的差距。实现目标的过程就是缩小差距的过程。找准目前的状况与实现目标所需要的知识能力、观念等方面的差距，才能采取有效的行动。

2）找对方法

缩小差距的方法主要是教育培训、讨论交流和实践锻炼三种。教育培训侧重于向书本学习；讨论交流侧重于向别人学习；实践锻炼的方法是最根本的方法，就是去争取改变工作内容和工作方法，着重处理自己较难解决的工作，通过实践不断积累经验、提升能力。通过教育培训、讨论交流习得的知识和观念都要通过实践锻炼来应用。

3）确定实施步骤与完成时间

实施方案要有明确的时间坐标，并具有可操作性。由于人生在不同阶段具有职业生涯周期性的发展任务，职业生涯规划与管理的内容就必须分解成若干个阶段，每个阶段又有"起点"和"终点"，即"开始执行"和"完成目标任务"两个时间坐标。如果没有明确的时间规定，就会使职业生涯规划陷于空谈并导致失败。大学生要根据自身实际情况和社会发展趋势，不断地设定新的可操作的短期目标。

【案例分享】

玲玲是一名企业管理专业的大学生，她的职业发展目标是成为外资企业的一名中高层管理人员。玲玲清晰地认识到自己在现实与理想上还存在着很大的差距，为此，她给自己设计了未来五年缩小差距的方法与步骤（表6-3），希望自己能够不断向梦想靠近。

表6-3 玲玲的"三步走"策略

差距	方法	具体安排
专业技术能力欠缺 英语口语水平欠缺 管理知识和能力欠缺	教育培训	2019年7月参加英语口语中级培训班 2020—2021年通过自学或短期培训等方式学习软件专业的最新知识和技术 2022年考取工商管理硕士 每月读一本技术、英语或管理方面的书
	讨论交流	2019年9月与同事交流工作经验与教训 2020年12月与领导讨论职业发展 2019—2021年每周末参加职业经理人沙龙
	实践锻炼	加入工作团队，完成专业项目 在工作中利用机会提高英语口语的交流能力 争取在团队中担任主管，提升管理能力

【学习感悟】

职业生涯规划是对个人职业发展道路进行选择和设计的过程，规划的内容和结果应该在规划过程中及规划后形成文字性的方案，以便理顺规划的思路，提供操作指引，随时评估与修正。

【自我训练】

（1）把自己的价值观、构想规划和行动规划写下来并与小组成员讨论。

（2）和小组成员的讨论对你确定最终的行动规划有什么作用？

（3）你如何看待与他人讨论自己的构想规划和行动规划的重要性？

（4）你打算在今后的生活和工作中如何为执行计划做出改变？

（5）你将采取何种方法来和大多数人探讨你的构想规划和行动规划？

_____

_____

_____

【价值引领】

一般情况下，一个人在能力所及的范围内，追求的目标越高，学习、工作的动力就越大，潜力就越能得到充分的发挥。大学生应该根据自身特点及社会发展的需要，确立正确的职业理想，并用职业理想激励自己，使自己能够更快、更好地成长，为即将开始的职业生涯做好准备。

实现职业理想需要科学规划，把近期目标与远期理想相联系，才能做出实际可行的职业生涯规划并且实现职业生涯目标。

【生涯计划】

请认真想一想未来一周或是一个月内，你最有可能学会做什么事，如准备英语或者计算机等级考试、制作一份演示文稿、班级活动设计、部门策划方案等。把想到的事情写下来并拟定学习方案。

_____

_____

_____

_____

_____

_____

_____

_____

_____

_____

_____

_____

_____

_____

_____

参 考 文 献

戴艳，吴乐央，2020. 大学生职业生涯规划[M]. 2版. 北京：高等教育出版社.

邓基泽，曾龙威，2021. 大学生职业生涯规划与就业创业指导教程[M]. 2版. 北京：中国农业大学出版社.

李可依，毛可斌，朱余洁，2017. 大学生职业生涯规划[M]. 上海：上海交通大学出版社.

刘艳红，郭志敏，罗晓蓉，2020. 职业生涯规划（配学生手册）[M]. 2版. 北京：高等教育出版社.

刘怡，姚云斌，2021. 大学生就业指导新编教程[M]. 北京：高等教育出版社.

柳欣，2019. 大学生职业规划与就业指导[M]. 北京：清华大学出版社.

宋贤钧，周立民，2021. 大学生职业素养训练[M]. 5版. 北京：高等教育出版社.

苏文平，2018. 大学生职业生涯规划与就业创业指导[M]. 北京：中国人民大学出版社.

通识教育规划教材编写组，2019. 大学生职业生涯规划：慕课版：双色版[M]. 北京：人民邮电出版社.

王璐，李翠萍，朱秀芬，2018. 大学生职业生涯规划[M]. 北京：高等教育出版社.

王培俊，黄雪飞，张强，2017. 职业规划与创业体验：下册[M]. 3版. 北京：高等教育出版社.

王胜会，廖满媛，乐海红，2021. 智慧职场：职业生涯规划工具与方法[M]. 北京：化学工业出版社.

王旭，毛主生，2019. 大学生职业生涯规划与发展[M]. 北京：高等教育出版社.